引 航

智慧共生　卓越同行

主　编◎ 王启龙

副主编◎ 张国华

编　委◎ 官明娟　张家跃　唐金亮　陈玲玲　杨　越

中国海洋大学出版社

·青岛·

图书在版编目（CIP）数据

引航：智慧共生　卓越同行／王启龙主编. —青岛：中国海洋大学出版社，2024.4
ISBN 978-7-5670-3660-4

Ⅰ．①引… Ⅱ．①王… Ⅲ．①中小学教育 Ⅳ.①G63

中国国家版本馆CIP数据核字（2023）第182442号

出版发行	中国海洋大学出版社
社　　址	青岛市香港东路23号　　邮政编码　266071
网　　址	http://pub.ouc.edu.cn
出 版 人	刘文菁
责任编辑	孟显丽
电　　话	0532-85901092
电子信箱	1079285664@qq.com
印　　制	青岛国彩印刷股份有限公司
版　　次	2024年4月第1版
印　　次	2024年4月第1次印刷
成品尺寸	170 mm×230 mm
印　　张	12
字　　数	201千
印　　数	1~900
定　　价	49.00元
订购电话	0532-82032573（传真）

发现印装质量问题，请致电0532-58700166，由印刷厂负责调换。

目 录

教育故事

智慧课堂

成长足迹

　　教师专业上的发展，不仅是指教师在教育教学中思想理念、知识结构和教育能力的不断进化，也是指教师对身处其中的不断变化的时代背景的积极呼应，更是教师个体通过教育践行对自身强大生命力的一种展现。名师无疑都是拥有强大生命力的人。在知识经济大爆炸的当下，教育的重要性和紧迫性不言而喻。一个国家一个民族只有通过教育才能把握时代的脉搏，教师，尤其是名师，是当仁不让的先行者。只有走上专业化、人本化道路，不断创新，一生进取，教师的教育生命才能在这伟大变革的时代里绽放绚烂花朵。

信念引领　向阳而暖

山东省青岛第六十六中学　陈国梅

一、不懈进取，榜样力量

1. 迎难而上

我从工作第一年起就开始了班主任工作，这对一个新人来说无疑是严峻的考验。我努力带班和教学，给自己的教师生涯定下了一个基调——迎难而上、快节奏地拼搏。

在之后的几年里我也不断充实自己，用勤奋铸就成长的阶梯。

不停地听课、备课、写反思、上课，在工作第一年全市新教师基本功比赛中获得一等奖。

修订多册教材、教辅，成为市教研室教学研究小组成员、教辅材料主编。

在产假回来的第二周参加全市优质课比赛。那时孩子才五个月大，作为一名母亲，我在很长一段时间内被家庭、日常教学、比赛三座大山压着，非常艰难。但我咬紧了牙关，通过层层选拔，获得市优质课一等奖，之后又在省优质课评比中拔得头筹，代表山东省参加全国优质课比赛，最终获得全国特等奖的殊荣。

期间不断积累和提升，被评为省兼职教研员，荣获市学科带头人、市教学能手等称号。

然而，我不能满足于这些成绩而止步不前。

在工作的第八个年头，我获悉有可以考全日制研究生的机会，心生向往，提出想法之后得到了学校领导和老师的大力支持，便毅然报名参加。我重新拿起书本，克服重重阻力，和许多应届大学生一起竞争，买了大量的考研英语、政治等书籍复习备考，最终考取教育管理硕士研究生。之后的两年，虽然工作、学习两头跑，异常忙碌，但是我特别珍惜这个得之不易的充电机会，从更高的层次学习教育理论，付诸教育实践，两年后顺利毕业。

之后我更加认真工作，更加潜心钻研教学，多篇论文发表于国家权威期刊，多项微课、课件设计、科研成果等获国家一等奖。

第二次产假归来，白天一人教七个班高中地理课，晚上回家把家庭打理好之后经常码字到半夜，让自己主持的山东省"十三五"规划课题顺利结题。支撑我再累再困也要熬住的，不是要被动地完成任务，而是希望把沉淀的思想具化成文字，为经验赋予价值。虽然艰辛，但很坚定。

2. 树立榜样

作为一名有着16年党龄的中国共产党党员，我对自己要求严苛，不仅没有因为忙碌而影响到日常教学，还让学生看到了一个拼搏努力、不放弃成长的老师，成为他们学习的榜样、前进的动力。

这些年来，我白天进行正常的教育教学工作，晚上等孩子睡了再抓紧时间准备比赛、考试，有空就去图书馆学习。我始终坚信认为："一定意义上讲，一天24个小时我们无法延长它的长度，但是可以增加它的厚度。"

课余时间，我和学生分享自己学习英语、理解政治、考试技巧、有效利用时间的经验。学生听得津津有味，从他们崇敬的眼神中，我知道，自己的勤奋比任何说教都有说服力。

在我所带的综合育人班里，我倡导学生以学习为主、多元发展。学生从入校时候参差不齐的成绩，到一学期之后9门学科6门第一，学习成绩稳中有进，班级获"青岛市优秀团支部"，实现了"大部分孩子都在进步"的目标。

我经常用自己的经历告诉学生：

"我们一路上会遇到很多挑战，逃避和偷懒太容易了，人人都会，但是勇者却必须迎难而上。用最年轻的时间做了最该奋斗的一桩桩一样样，铸就的都是完善自我的台阶。我们追求的生活，不是名利，不是安逸，而是问心无愧，而是不后悔。"学生认同并践行我的观点，自主自律性越来越强，且引以为傲。

二、尽善尽美，收获温暖

1. 深受喜爱

对每项工作的尽善尽美，不断地学习、比赛和进修，让我对教育产生了很多深层次的思考，对日常教学有了更广角度的审视，也提升了备课讲课的技巧，课堂驾驭时就更游刃有余。所以，上课对我和我的学生来说，都是一件很快乐很享受的事情。"有时候哪怕身心疲惫，去教室上一节课下来，总会特别舒畅！"

用心爱学生，不遗余力的付出，换来的是学生们对老师的喜爱，是源源不断回馈给老师的温暖。

这温暖是孩子们看到我挂了多天的黑眼圈，心疼的问候；是每次值夜自习时候，塞到我手里的糖果；是与我四目相对时，热情又热烈的笑容；是再疯再调皮，老师一个眼神，就羞愧收敛的乖巧；是我咳嗽着来上课，孩子们瞬间鸦雀无声的自觉……

有一次下课，一个学生跟着我出来，问："老师，你是不是特别幸福？"我说："是呀！你怎么突然这么问？"学生说："因为从你的笑容，我能看出来，你很幸福！"

2. 收获认同

你只要尽心尽力，旁人能够感受得到。

我记得，有天晚上我因为处理学生的事很晚才出校门，打上车的一路上，我一直在打电话嘱咐学生、和家长沟通、和老师协调……等放下电话后，一天的劳累反上来，我头疼欲裂口干舌燥……夜色很黑，还有两条街到目的地，司机就把计价器停了，而且没在原本容易停车的目的地停下，而是坚持多送了一段不好车行的路，一直到我家门口。司机师傅说："看你这么辛苦，应该把你送到家门口！当个好老师不容易！希望我儿子也能有你这样的老师！"

我感慨道："教师这个职业会让人年轻而单纯，充满幸福感，令人着迷。"就像著名作家毕淑敏说的："幸福不是惊天动地、敲锣打鼓而来，它是一些细小而温暖的感受，是朴素的瞬间。"

三、信念引领，力求飞跃

1. 反思成长

回首过往，诸多时光都是辛苦的，可我每每回想，它们就像是被磨砺过的钻石，在时间的长河中闪闪发光，不仅有成就感，更多的是幸福感。这种幸福感不仅是个人的收获，也是学校领导和老师们在我困难、困惑的时候、给予的温暖和帮助，是一群有着共同教育信仰的人、手拉手同行的热忱。

回首过往，能更加清晰地看到，很多教师之所以幸运地一路攀登，有外部推力，也有内部动力。外部推力，就是我们祖国大环境下给予教育者更多的关注，就像种子，需要肥沃的土壤才能发芽；而内部动力，那就是教师强大的教育信念。每位优秀的教师在攀登中，不仅收获了本领，更磨炼了意志，明确了理想。真正支撑一个人咬紧牙关克服困难、长期坚持不懈怠、始终保持高昂热情的，就唯有内心的信念。

2. 引航前行

我们都是平凡的教师，但我们从事的事业极不平凡。"教育的每一个细节都是影响孩子终身发展的大事。"教师拥有塑造灵魂、塑造生命的职责，我们热爱学生，我们热爱教育，对这个职业心怀敬畏，这会让我们不去在意脚下的道路是曲是直，甚至乐于挑战更险峻的高峰，只为掌握本领，为孩子们提供更好的教育。

我坚信，名师之所以能成为名师，成为教师队伍的带头人，"扎实的学识"必不可少，但更需要的必然是"有理想信念"，进而"有道德情操、有仁爱之心"！

教师教育的不仅仅是可爱的孩子，更是党和国家的人才。只有成为"四有"好老师，才能"为党育人、为国育才"，让我们的祖国更加强大！

当然，随着攀登，我也更加了解自己的不足，明确需要学习的方向，非常渴望能通过更多的学习平台完善自己，争取成为"青岛名师"这面旗帜下的表率者，成为理想信念的传播者、学生成长的引领者。

我坚信我会继续满怀激情与能量，为教育事业发光发热，将所学本领，与本职工作紧密结合，潜心育人，开拓创新，发挥名师示范、指导、引领和辐射作用，为我市教育创新发展、教学水平迈向新台阶贡献全部力量。值此建党百年之际，用累累硕果向祖国献礼！

职教路上　一路成长一路歌

青岛西海岸新区高级职业技术学校　邓来信

屈指算来，从事职业教育已经二十六年了。在职业教育快速发展的大背景下，我也一路拼搏，一路成长，对职业教育也愈加地热爱与期待。

一、初入职场（关键词：爱业）

1996年，胶南市教委人事科一纸调令把我安排到距离县城30公里的职业六中。因为我是学校的第一个机电类专业课教师，学校如获至宝，安排我教制冷专业的制冷电器维修。那时没有网络，没有教材，没有参考书，我欲哭无泪。

我自己跑到胶南，买了两本相关书籍。教师伙房有一台坏了的澳柯玛冰柜，我和学生兴奋地把它抬到办公室。这是这个专业唯一的实训设备。课堂上，我充分利用投影仪、录像机、实物、挂图等教具，尽可能不照本宣科、不在黑板上开机器。学生喜欢上我的课，认为我的课幽默风趣，理实一体，通俗易懂。老教导主任去听我的课时，在教室里高兴地眯缝着眼，对我非常认可，这奠定了我在学校老师中的良好印象。

就是用这一台废弃的冰柜，我组织了学校历史上的第一次技能比赛。不知道需要请示，也没有汇报，学生的欢呼声吸引了学校领导到场助阵。

就这样，凭着一腔热情和无知无畏的钻劲，我爱上了教师这个职业。第二年，我就当上了学校的专业课教研组长，第三年，出示了胶南市公开课。每次学期初胶南教委到学校听课督导，我都是学校内定的出课人员。第四年，我撰写了第一篇论文，骑自行车跑到镇邮局，投寄到了中央教科所，荣获三等奖，这是我校当时在教育主管部门论文评比中获得的最高奖项。第五年，撰写的论文发表在全国中文核心期刊《职教论坛》上，也是当时我校发表过的最高级别的文章。为此，我也获得了"胶南市电化教育先进个人""胶南市教学能手"等荣誉称号，2001年12月，我光荣地加入了中国共产党。

那时候我所在的教育环境，放学后没有娱乐，通讯消息不灵通，距离县城远，几乎与外界隔绝，钻研教学成了我的乐趣。1998年，学校开始参与青岛市技能大赛，开始组织学生考取职业资格证书。我负责的焊接技术应用专业，共有4台焊机，是那种手摇式调压的焊机，最廉价的那种，手摇式螺栓在大强度的使用过程中几天就要坏掉。为了让学生顺利考取电焊工证，我向学校提出了闲人不闲机器的训练思路，把学生分成四个小组，我和徐老师轮流辅导，从早八点到晚十点，除了上课时间，几乎全在辅导学生。机器坏了，自己修；螺栓坏了，自己买来虎钳、丝锥、板牙，现场加工。不提报酬，不提课时，那一种付出非常简单纯粹，就是为了让更多的学生考取职业资格证书，找工作的时候增强竞争力。

那一段历史堪称回忆，现在想起来还是满满的快乐。学校的焊接专业办得风生水起，连续三年在青岛市职业技能大赛中获得一等奖，是当时青岛市唯一一所组织中级焊工鉴定的学校，中级通过率逾80%，初级通过率近100%，得到青岛教育局时任机械类教研员周培义老师的关注，他亲自到我校了解情况，多次在教研会议上予以表扬。

二、更换单位（关键词：敬业）

2002年1月，胶南市教委对职业学校的布局进行调整，组建高级职业技术学校。我在市教体局的统一安排下，调到高职校工作。褪去了刚毕业时的青涩，职场上已驾轻就熟。对于领导安排的工作，我总是抱着谦逊的态度，尽全力干好。

高职校成立后，为打响社会声誉，学校高度重视春季高考。当时成立了两个高三春考班，一个机电专业，一个学前教育专业。我担任机电专业的班主任。可能是我年纪轻轻就取得很多成绩和荣誉，也可能别人都怕高三班主任出力不讨好，对于大家都敬而远之的高三班主任，我欣然应允。

接班后才知道，学校机电类专业凑起来的这32个学生，除了个性突出，学习成绩一点儿也不突出。于是，我骑着摩托车，利用两个多月的时间，对每一个学生进行了家访，了解了学生、家长的愿景，了解学生成长历程，思考如果学生违纪，不服从管理，我要从哪里入手来引导他们。

早5点到晚10点，一周5天，我风雨无阻地和学生在一起。学生基础差，很多任课教师也不抱希望，我就请任课教师吃饭，向他们请教学科学习方法，一有空就到教室听课，监督学生，了解学生学习情况。晚自习时间，我就给学生补习数学、英语、电工基础、电子技术等课程，传授作文的写作技巧。学生觉得我是一个全能的老师，对我佩服得五体投地，也更愿意到办公室来找我探讨学习问题。

彩虹总在风雨后。年终表彰，我被评为学校优秀班主任，第二年的春季高考，本科录取6人，其余全部被专科院校录取，这个成绩即使到现在，也是傲人的。

2005年，中层干部竞聘上岗，我任西校区学生处主任。当时的西校区有学生1700多人，而中层干部仅2人，处室工作人员3人，管理压力和管理难度可想而知。

在这样高强度的工作环境下，2006年，全国半工半读现场会在胶南召开，我校提供了重要的参观现场，教育部副部长吴启迪莅临我校。2007年，时任教育部部长周济莅临我校，对我校学生的精神风貌和"半工半读、工学结合"办学模式予以高度评价，誉之为"胶南模式"并向全国推广。

那时全校上下，斗志昂扬，敬业不再是一种特别的褒扬，而是成了一种校园文化。全国职业教育现场会后，全国各地慕名而来的客人络绎不绝。我带领我的小伙伴们，迎接了无数次的督导、参观、检查。

2013年，学校被教育部确定为第二批全国教育改革发展示范校建设立项单位。除了分管的工作，我还是重点建设专业的负责人，同时也是全国示范校数字化资源共建共享"机械制图"课程的负责人。

我知道，学校获得国家中职示范校立项建设资格非常不容易，示范的不仅是办学经验、办学成果，还要示范治学态度、敬业精神，在周边乃至全国发挥引领作用。经我审阅的材料，哪怕有一个错误的标点，也像脸上的污点一样让我不安。

这样一生追求完美的个性已经深深地烙在骨子里，而背后的付出和艰辛只有自己知道。

三、快速发展（关键词：乐业）

学生成才是老师的心愿，和学生一起成长是教师克服职业倦怠感、永葆职场活力的密码。

2014年前，学校对职业技能大赛不重视，几乎很少参加青岛市级以上比赛，我倒觉得可以试一试，让学生不畏艰难，去尝试拼搏和成功的滋味。

我首次辅导的是演示文稿制作比赛，也是为了协助我做好示范校建设专业的文字处理工作。

我对报名的学生实行动态警示淘汰制。学生知道，他们必须付出更多的努力，才能学到更多的技能。每当看到他们气喘吁吁地从教室跑来找我，要求我给他们下达任务的时候，我都很感动，很心疼。但他们总是笑着问："老师，我们的任务完成得还行吧？"在得到夸奖之后，那种自豪感洋溢在办公室，暖暖的。

2014年10月份，青岛教育局职教研室要组织开展首届微电影评选活动。我带领同学们一起研讨剧本，物色演员，挑选拍摄场景。拍摄电影的过程意义远大于拍摄电影本身。他们不仅锻炼了文字处理能力、审美能力，单就拍摄过程中与人沟通、协调能力的提高，就足够让人欣慰。

这一年，学生自编自导的作品《指尖上的青春》获青岛市一等奖，最佳导演奖，学校获优秀组织单位。在青岛市职业技能大赛中，获演示文稿制作一等奖。

从此，我一直承担着技能大赛的辅导工作，所带的物联网团队一路披荆斩棘，青岛市二等奖，山东省二等奖，一直登顶全国一等奖。自己也被评为全国优秀指导教师。

只事耕耘，莫问收获。努力的付出之后，收获也不请自来。青岛市教学能手、青岛市学科带头人、第四期青岛名师培养工程人选……2018年，我成了学校最年轻的高级讲师。

做课题研究、指导青年教师、参加教学能力比赛，现在的我仍然每天在忙碌着……有次学校下发教师幸福感问卷，我觉得，教师的幸福就来源于和学生一起成长。

　　职教路上，一路成长一路歌。我希望，我的职业生涯的后半场是幸福的，我用心陪伴过的学生，会是幸福的，以此作为憧憬。

爱心、耐心　浇灌培育祖国之花

青岛西海岸新区信阳初级中学　付学彩

不知不觉，我已经在农村学校工作了23年，从乳臭未干的毛头小子到现在的"农村大叔"，一路走来，一路芬芳一路歌，也有许多遗憾和不甘，感慨之余，有着更多的思考和感悟：用心做事，用情做人，用爱做教育才能成就最好的自己。"道虽通不行不至，事虽小不为不成"的人生信条，"做一名好老师"的人生梦想，从来没有改变。

一、用爱心和耐心开启教育之路

"做一名好老师"，这是老父亲对我一直的要求，也是我努力追求的人生梦想。1999年，刚刚20岁的我从山东省胶南师范学校毕业，分配来到原胶南市信阳镇工作，担任信阳镇崖下小学六年级一个班的班主任兼两个班的语文教学。信阳镇位于胶南西南边陲农村，崖下又是村小，当时学校条件很差，学校建在几个村外的一个岭顶上，三排平房，一个大院围起来就是一个学校。四周都是草垛、打麦场、田地，操场设在校园外面，用黏土夯起来的一块平地。因离家较远，学校让我住在值班室，值班住宿一举两得。

条件虽然很艰苦，但我没有选择，也不知道抱怨，我将所有的时间和精力都扑在了孩子们身上。但理想太丰满，现实却太骨感。年轻的我虽然也很努力，很认真，但因经验少、方法不够灵活导致管理不够严格，部分调皮学生出现自我纵容，甚至有学生要和我"单挑"。夜晚，熙攘热闹的校园静下来时，我很苦恼，也在不断反思：应该怎么办？

问题即课题，天生乐观的我很快学会了变通，没有丝毫放松要求，却学会了如何"圆滑"地鼓励一些学生，从他们身上找到闪光点，不断刺激他们好好学习，多做好事，也学会了团队协作，家校社会三位一体，齐抓共管。看着孩子们不断成长，懵懂中自己也在不断成长。人民教育家于漪说："一辈子做教师，一辈子学做教师。"是呀，每个孩子都是种子，只不过每个人的花期不同。教师要懂得欣赏和等待学生，教育要慢一些。

工作的第二年，我就来到了信阳中学，改教初一历史学科。班级有一个特殊的孩子，父亲去世，继父对其不管不问，动辄呵斥。了解到情况后，我对其格外注意，从学习、生活上都格外上心。孩子学习成绩一般，又处在青春期，又因特殊的家庭氛围，学习几度出现问题，但我用自己的耐心予以安抚宽慰，呵护孩子的心灵，孩子顺利参加了中考，后来考上大学，读了研究生，现在已是深圳某证券公司的副总。不放弃，不抛弃，会有不一样的美丽在等着你。

教师的主战场在课堂，教好课是一个好老师的起码标准。工作中我把握一切机会狠狠锤炼自己的教学基本功，提高自己的教学驾驭能力。在学校缺化学教师的情况下，毅然服从学校安排，从历史学科一下改到化学教学，从初一跳到初三，实现工作历程的又一次跨越。

我深知自己只是一个"菜鸟"，学习是改变自己的最有效办法。于是，我利用一切机会去学习钻研：每天穿梭在老教师的课堂里听课学习；像"间谍"一样"借阅"其他班级或学校的学习笔记、导学案，然后整理归纳；排除一切干扰，参加所有的教研活动；夜晚经常备课到深夜，反复试讲第二天要上的新课。那段时间的我，如着了魔一样研究教材，批改作业试题、给学生补习功课……

一分耕耘一分收获。学生参加省、市初中学生化学素质和实验能力竞赛、化学创新实验展评、化学小论文的各类比赛，多次获一、二、三等奖，撰写的论文在《新课程研究》和《中小学教育》等刊物上发表，教育感悟在《山东教育》刊登。在我的带动下，学校的化学成绩终于逐渐走出了低谷，综合成绩名列乡镇前列，其教学模式得到教研室领导的认可和肯定，举行公开课予以推广。

"相信种子，相信岁月。"用爱心和耐心等待那些脚步慢一点的同学和自己，我们的教育会成就更多的美好人生。

二、用担当和奉献养育教育之花

有作为就要有担当。我后来开始担任初三年级的班主任，面对班级的中的鸡毛蒜皮"小事",自己又开始了新的历程:王某某成绩很好,但性格孤僻,需要做好心理工作;李某某成绩一般,美术很有天赋,需要多加鼓励;张某某父母关系不好,孩子情绪不好,需要对孩子进行安慰……

印象较深的是一名男同学,成绩不错的他竟然与班里的一名女生光明正大地谈起了恋爱,父母也已知晓,孩子成绩直线下降。怎么办? 棒打鸳鸯还是任其自然发展? 处理不好,可能给孩子造成无法形容的伤害。翻阅很多案例,也和父母多次沟通,我采取冷处理的方法。

没有当作眼中钉,掀起轩然大波;也没有丝毫放松,时刻关注孩子的变化。一切都那样正常。一次偶然的机会,我分别与他们进行了谈话,没有过激的语言,只有推心置腹如大哥哥般的关心和嘱咐,保护了孩子的自尊,也很好地处理了二者的关系。两人顺利升学,保持着较好的联系,如今已是某银行行长的学生非常感激那段经历和成长。

孩子毕竟是孩子,他们的世界同样需要我们的理解和正确引导。

2009年,我竞聘了学校中层干部,负责起了除学科教学以外的更多的事务,包括团委、卫生保健、科技教育、级部管理、德育和校园文化建设、办公室主任等,一直干到现在。在兼任学校多项教务工作的同时,我坚持初三多个班的化学教学和班主任工作,坚持上好每一节课,批好每一份作业。教育教学工作无小事,学生无小事。作为一名教师,上好每一节课就是最好的担当。

农村学生,基础较为薄弱,家长忙碌顾不上,学习动力不足,特别是到了初二、初三,许多学生想着放弃学习。担任级部管理的我看在眼里,急在心里,我一方面想办法调动广大教师的积极性,给他们提要求、加任务;一方面奔走于学生中间,鼓励学生树理想、强信心,不放弃学习。同时,传承以前当班主任的习惯,巡班、靠班、做学生思想工作、个别辅导一个没落下,每天一工作就是十几个小时。

没有等出来的美丽,只有拼出来的辉煌。令人欣慰的是,孩子们心怀感恩,学习的积极性被调动起来,许多孩子有了较大转变,成绩不断提升。

2020年,新冠疫情期间,分管初三毕业班的干部因身体原因请假休息,但初三学生面临中考,学习不能落下。我在负责学校校务办公室的同时接过初三级部管理,落实各项教育教学工作。因为疫情,我们采取"空中课堂"线上教学，效果不佳。多方了解其他学校的先进做法，我多次召开网络视频会议，巡视课堂教学，从严从细做好"空中课堂"工作，反复抓、抓反复，带动班主任每节课统计，每节课督促，每日总结，每周小测，个别学生进行家访或定期连线。初三工作有条不紊地进行，真正做到了离校不离教、线上线下一样教，促进课堂教学的参与度和活跃度，调动了学生学习的积极性，提高了课堂质量。付出就有收获。2020年中考我们再次实现学校的历史性跨越，得到家长的广泛赞誉。

许多时候，我们用毅力磨平高山，那山间的泉水，会跟着你，一路曲折，定会唱出一曲美妙的歌。

三、坚持立德树人收获教育之花

"培养德智体美劳全面发展的社会主义建设者和接班人"是教育工作的根本任务。好老师，既要教书也要育人。多年来，我牢牢抓住"教书育人"这一根本，坚持立德树人，注重学生综合素质的培养，多方搭建平台，让农村孩子享受与城里孩子同样的优质教育。

我负责学校科技工作，兼任学校科技辅导员。我想方设法组织学生接触各种车模、航模、七巧板等，争取经费或自己拿钱购买器材，利用课余时间组织练习，克服困难参加各级各类科技比赛，辅导的学生多次获区、市、省、国家科技比赛不同奖项，多次被评为优秀辅导员；学校多次被评为省、区、市优秀组织单位奖，学生迷上了科学，科技强国的种子悄然埋下。

2009年，我光荣地加入中国共产党，在参加党课学习及各类活动中，我更深切感受到作为一名中国共产党人的光荣和使命，明白了教育为谁培养人，培养什么样的人，怎样培养人。在我的积极努力下，学校建立了十几个社团，学生选课走班，实践锻炼动手技能，不断丰富发展着自己的兴趣特长，为学校组织参加各类比赛源源不断地输出人才；担任团委书记期间，我组建"青青益行"志愿服务，引导广大团员青年走进社区，参加志愿服务，培养学生的社会责任意识，践行"品正为先，五育并举"德育品牌建设。通过活动，学生增强了志愿服务的义务，培养了社会责任感。在一系列活动带动下，学校团组织先后被评为"优秀共青团组织"和"五四红旗团委"，自己多次被评为"优秀团干部""优秀少先队辅导员"。

以梦为马，不负韶华。孩子是祖国的花朵，需要我们用爱浇灌，用心培育。让祖国的花朵在阳光下绽放，既是我作为一名教育工作者的职责，也是我的梦想。未来，我会继续努力践行"三牛"精神，不忘初心，踔厉奋发，静心教书，潜心育人，为培育最美的教育之花做出自己更大的贡献。

既见课堂，云胡不喜

平度市实验中学　郭晓燕

　　教育一梦，终身难醒：若有情怀藏于心，岁月从不败师者。我以数学为载体，让一块黑板、一支粉笔成为我驰骋空间的缰索。

　　既见课堂，云胡不喜。这句话改编自《诗经》中的"既见君子，云胡不喜"。意思是"既已见到意中人，心中怎能不欢喜"。我把课堂比作意中人，足见我对它的情意。苏霍姆林斯基说过：课，就是教学思想的源泉；课，就是创造活动的源头，就是教育信念的萌发园地。课堂既是教师的主战场，也是教师成长的舞台，而我对课堂也已称得上是迷恋。时常会因为一节成功的课而欣喜若狂，也会因某个环节处理不得当而郁郁不乐……

一、既然选择，就不遗余力

　　我命中注定就是要做老师的，我时常这样想。因为在我小学一年级的时候家里来了一位相面先生，人家对我妈说，你家这个闺女将来是做老师的。小时候和小伙伴一起玩过家家，我也总是被要求扮演老师；初中毕业升学时，平度师范学校先于其他的中专录取，我因为不善表达坚决不报名，谁知爸爸和班主任老师偷偷给我报上了名，结果主动报名的都没考上，我却进入了平度师范学校。进入师范后想想自己将来是要做老师的，于是借助学校平台加紧练习语言表达、三笔字、教态等，当时的想法很单纯，怕自己做不了老师。这还远远不够，从小我的自理能力就比较欠缺，直到上平度师范学校时我都没有自己收拾过书包，所以我很清楚我还有很多需要锻炼的方面，于是又主动报名担任班长，任课老师组织试讲我也积极报名……所以我觉得并不是谁天生就适合做什么，后天有意识的努力更加重要。

二、明确目标，取长补短，为专业成长借力

1995年，19周岁的我被分配到一所学区小学——一所只有十几个教师的小学校，而且大部分老师的年龄都在40岁以上，从来没有教研活动，也没有人参加过比赛，尽管他们在专业上并不能给我多大的引领，但是他们的敬业和朴实感染了我。第一个月的常规检查，当我看到老师们密密麻麻、书写工整的备课后顿时感觉羞愧难当，于是，一夜未睡重新写了一本教案。自此之后直至今日，我感觉自己的教案一直是比较用心和实用的。也许那时候虽然年轻也懂得：成长需要磨炼，作为新手型教师，与其叫苦喊冤不如任劳任怨。努力不一定会成功，但一定会成长！

1999年冬天，我被调入中学。一方面由于所接的班级基础不是很好，另一方面是因为我对教材极其不熟悉，几乎每次考试我班的成绩都是垫底的，当时的我既迷茫又苦恼，甚至开始怀疑自己的教学水平。但我又不甘心认输，于是静下心来查找原因：教材不熟，把握不好重点难点，刚换老师，师生间需要相互适应，我既要适应不同学段的教材，还要适应不同年龄孩子的认知水平、心理特点，我本身更需要改变，需要学习。为了更好地把握教材，国庆节7天假期我在办公室坐了整整7天，把6册课本像学生一样自学了一遍。机会是留给有准备的人的，2000年冬平度市举办了第一届教学能手评比，在大家共同的努力下，我顺利地通过预赛进入了前十，被评为教学能手。2003年我被调入朝阳中学，这所高起点学校为每位老师的成长提供了一个更大的平台，我的专业成长从这里开始起步。五年前来到平度市实验中学，这所学校很大，大得像片海，足以映出整个天空。庆幸的是，我在这里留下了成长的印记。

三、上下求索，成就水平

不断提高学科教学水平

十几年来，我的课堂教学形成了自己的特点：突出"学"字，从让学生"学会"转到培养学生"会学"上来；突出"思"字，从让学生"学答"转到培养学生"学问"上来；突出"乐"字，从"让我学"转到"我要学"上来，并创立了"感、探、议、悟"四环节教学模式。在课堂教学中我着重做了以下

几点：

1. 让学生站在舞台中央，让每一个生命自然成长

给孩子一片蓝天让他们放飞梦想。相信学生、解放学生、利用学生、发展学生，变"惟教"为"惟学"，变"惟师"为"惟生"，让学习发生在学生身上。

例如，在探究学习"平方差公式"时，我引导学生从两个角度验证公式：一是从"数"的角度运用多项式乘多项式法则计算验证；二是从"形"的角度引导学生借助图形面积进行验证，由于是刚接触数形结合验证公式，需要老师的引导，而在探究学习"完全平方公式"这一课时，在得出公式后类比平方差公式的处理方法，我依然让学生尝试从两个角度进行验证。此时的学生借助已有的经验，很自然地画出图形并进行验证，我当时是让学生讲解的，讲得头头是道，其中 $(a-b)^2=a^2-2ab+b^2$ 这个公式的验证我以为学生想不到，没想到是一个中游学生展示的，而且讲解得也很到位。往届学生在学习"完全平方公式"后最容易出现这样的错误，而我班几乎没有。

2. 关注知识形成过程，发展学生思维能力

俗话说："眼过千遍，不如手过一遍。"对学生而言，由动手实践获取的体验远大于背诵现成的结论。我抓住这一点做文章，把死板的、没有生机的数学定理、公式，变成让他们通过"剪一剪""拼一拼""量一量""算一算"就能主动获得的数学结论，让学生在动手操作中对数学知识产生兴趣，发展思维能力。

例如，在"相似多边形"一课时的教学中，为了帮助学生理解相似多边形的概念，积累数学活动经验，我设计了一个"找朋友"活动，课前发给每个小组一套相似多边形的学具（学具是我利用硬纸壳制作的，为了便于归纳，我制作的学具有三角形、四边形和五边形，为了尽量减小误差，方便学生测量计算，进行精密测量），先找出"形状相同的图形"，然后出示问题引导学生探究"① 在这两个形状相同的图形中是否有相等的角？ ② 在这两个形状相同的图形中内角的边是否成比例？"引导学生设法比较形状相同的图形的边、角，通过"叠合""测量""计算"观察总结它们的共同特征，从而得到相似多边形的定义。（当时不会使用几何画板，如今可以再加入几何画板的验证就更有说服

力）在这个过程中，学生通过测量、叠合、计算等一系列操作活动，从感官上认识了相似多边形，然后再用严谨的语言加以规范，获得了数学活动经验，加深了学生对数学知识的理解。

这样的例子数不胜数，由于平时的教学中注意引导学生动手制作学具，通过动手操作发现数学结论，久而久之，学生也学会了"动手"，养成了动手操作的习惯。学生也就不再觉得数学课堂枯燥乏味，这应该是我们追求的长久目标。

3. 善用思维导图，培养逻辑思维能力

思维导图，是从进入实验后才开始接触的，从起初的排斥到慢慢的接受，再到如今每一章节都要制作，是源于我对它的作用的认可。如今对于思维导图，不仅仅是用于复习课，很多时候我还会用在一节课的小结中。

例如，"整式乘法"复习第一课时，我设计了这样一个板书，由于只复习乘法，乘法公式和除法放在第二课时，小结时我是这样说的："这棵知识树的右边已经枝繁叶茂，下节课复习后左边也就绿树成荫了。"

4. 强迫自己参赛，在赛事中拓宽眼界，提升水平

2006年是忙碌的一年，也是收获的一年，说忙碌是一年中逐级参加了青岛市、山东省、全国的优质课比赛，还参加了山东省"富民兴鲁"劳动奖章的角逐。现在想想，当时怎么能承受得了呢。每一个赛场都让我大开眼界，逐步认识到我们的课还有很大的提升空间，同时也让我对磨课有更深入的认识，对教学设计的认识也提升了一个档次，不只停留于追求形式，更加注重挖掘教材，从心底理解了"用教材教而不是教教材"。

如果说研究是成长的根基，那么比赛则是成长的战场，摸爬滚打后涅槃重生，赛前废寝忘食，赛中忐忑不安，赛后欣喜若狂，这都会成为一辈子的记忆和财富。

5. 不断提高班级管理水平

每个学生都是独特的生命个体，都有自己的生命律动，都有属于自己的精彩，做学生生命的陪跑者，学会倾听，学会理解，学会鼓励，学会引导，让每一个生命长成树的模样。

任教以来，一直担任班主任的我，在班级管理中主要做了以下几方面的

工作：

一是灌输一种意志——"士不可以不弘毅"。我让学生每天在早晨进行5分钟的演讲，演讲的主题是"成功的故事"，主人公可以是名人，可以是凡人；可以是大事，也可以是小事……这些故事就是兴奋剂，它每天都激励着我的学生，使他们精神饱满，斗志昂扬，坚定不移地去对待他们的学习和生活。

二是树立一种观念——"家庭"观念。四十多个学生就是在班主任这个"母亲"带领下的亲密无间的"兄弟姐妹"。这样可以缩小师生差距，淡化师生矛盾，真正使整个班集体在对外竞争的过程中做到齐心协力、众志成城。

三是让每个孩子成为最好的自己。我坚信每个孩子都有闪光点，从未因为学习困难放弃。通过以上努力，我所带的班集体气氛和谐，思想正气，学风浓厚，成绩优秀。

教师这一职业的选择就是，要承担起相应的责任——关注每一个学生的学习与成长，而且，不是将关注仅仅停留在意识里，而是让学生摸得着，感觉得到：拾起学生掉在地上的一块橡皮，耐心回答学生的每次提问，常与学生个别谈心，甚至只是走道里的一声问候……这些都是你能让学生摸得着的关注。我感觉到了真正的快乐，因为我自觉无愧于我的职业。

四、借助平台，接力数学课堂教学

2019年成立了平度市名师工作室，我和工作室的老师们把工作侧重点放在培养青年教师上，日常工作室的课堂对青年教师是开放的，随时解答新教师的疑问，不定时地深入新教师的课堂听课指导。期间应教学研究指导中心的要求承担青年骨干教师的培训工作，取得了不错的效果。学校的常规教学中，随着新入职教师数量的增多，听、评课，指导备课逐渐成为常态，不吝啬、不保留地把自己积累的经验传递给青年教师。在互听互评的过程中也受到了年轻教师新理念的启发，逐步用于改进自己的教学，真可谓活到老，学到老。

教学生涯的二十六年间我只坚持做好一件事：做孩子们喜欢的老师。二十六年来，我以数学为媒，以课堂为舞台，以教学活动为介质，努力教会学生做事、做人、看世界。为了他们的喜欢，我不敢停歇，不断充电。做事认真是我的工作常态，也成了我生活的习惯。我一直有一个梦想，岁月更替，心态不老。我希望自己始终能赢得学生的喜欢，始终在教学第一线，始终离孩子们最近！

心怀感恩　做享受教育幸福的老师

——回想自己的成长足迹

青岛西海岸新区实验初级中学　林殿莉

"当有人逼迫你突破时，你要感恩，或许你会有些改变。"2022年1月17日，我在中小学正高级教师职称榜上有名，欣喜之余，脑海中浮现了巴菲特的名言。我是青岛西海岸新区实验初中一名思政老师，以实干笃定前行，将梦想照进现实，享受教育之幸福。

一、心怀感恩，做享受教育幸福的老师

感恩，遇见教育。青岛市教体局构建名师评价考核机制，不断加强名师的培养力度。作为本学科首批区名师工作室主持人、省特级教师工作坊青岛站主持人和工作室成员组建学习共同体，同成长共进步。感恩，在美好的年华遇见了美好的学校和同事，唤醒了自己生命的自觉。感恩青岛西海岸新区实验初级中学这个能让人安身立命的平台，让自己坚信事业成就人生、单位成就梦想，坚守学习、做事是唯一的成长之路。青岛西海岸新区实验初级中学是一所有教育信仰的学校，激励教师追求完美精神做教育。这是名师培养基地，从场所、设施和资源等各方面加强建设，让学校真正成为老师发展的重要阵地。学校提供多种形式的舞台，让老师上台唱戏。学校对内举办的"师德报告会""高效课堂评选月""教学大比武""教学经验报告会""开展青蓝工程师徒结对"等活动，成为每学期的必备课程，促进一大批教师业务水平的提高，特别是青年教师成长迅猛。学校对外开放办学，提倡"引进来走出去"的方针，国内如郑州、北京、哈尔滨等，国外如美国、英国、澳大利亚等，到处留下了我们学习

的足迹。积极推荐教师参加各种形式的骨干教师研修班和业务培训活动，学习外地的成功经验，并花大力气邀请专家名师来校开展讲座引领活动，活动之多堪称地区之最。老师在与外地教师的竞争、交流中得到了锻炼，提高了水平。

说两件事：一是学校实行"扁平化管理""项目负责制"，人人有事干，不断创新的工作，使教师奇迹般地发展。二是"零点团队"的故事。根据现代学校制度建设的要求，利用暑假组织学校干部、骨干教师等50人到成都西南交大，封闭15天，进行现代学校制度文本的修订以及各个学科课程整合。由于天天研讨到零点以后，被专家戏称"零点团队"。每一位参与的老师借势单位科学高端的教育理念快速成长。

二十九载教育路，先后获得"青岛市优秀教师""山东省优秀教师""山东省特级教师""省教书育人楷模""区拔尖人才"等称号。2022年初，晋升正高级，何其幸运。心怀感恩，享受教育幸福。

二、常怀敬畏，做人格高尚、厚实专业底蕴的思政老师

牢记于漪老师的名言"我的理想是做一名合格的教师。所谓合格，就是不负祖国的期望、人民的嘱托。"作为思政老师，我更加敬畏生命，敬畏教育，自觉弘扬主旋律，做为学为人的表率。秉承学校"教育让生命臻于完美"的教育思想，积极参加新课程改革，用"唤醒生命自觉"的思政教学理念，给学生心灵埋下真善美的种子，帮助学生打好中国底色。习近平总书记强调，思想政治理论课是落实立德树人根本任务的关键课程。青少年阶段是人生的"拔节孕穗期"，最需要精心引导和栽培。因此深感责任之重大。专业化发展是为师之根基。积极学习新时代的中国特色社会主义理论，理直气壮地开好思政课，努力将习近平新时代中国特色社会主义思想带进课堂，铸魂育人，充分发挥思政课堂主渠道的作用，拓展思政课与主题班会、学生研究性活动的融合，打造大德育教育，把爱国情、强国志、报国行的志向自觉渗透、融入日常教育教学之中。情怀遇勤奋，促进成长，发表教育教研论文论文多篇，多次出示区级公开课、省公开课等，2007年参加优质课比赛荣获市一等奖、2014年荣获省一等奖。作为区名师工作室主持人积极开展工作，发挥辐射作用，培育骨干教师。

收获的过程，必定是一个担当与磨砺并存的成长绽放过程。回想，确有一

颗师者仁心。工作初期，首次做初三班主任，婚后第5天提前回校；寒冬元月，瞒着双方长辈、领导，堕掉第一胎，只为陪伴中考；2008年腰椎间盘突出，医生建议住院治疗，一向优柔寡断的自己有主见：不行，学生要中考。2010年车祸，为了不耽误毕业年级工作，打着绷带来到讲台。又一次课堂上腹疼难忍，弯腰上讲台，坚持讲完最后的"社会主义的根本任务"后，晕倒在教室门口，走出医院依然坚守岗位；2020年5月早晨晕倒，已请假的自己在7：10再次奔向单位，这些坚持皆是因为"学生要中考了"。

历练优质课是老师成长的催化剂，会有破茧成蝶的收获，这需要团队合作、伙伴互助的推进，也是一步步自我艰难的前行。忆往事，感恩在心。本学科同事的磨课、陪伴自不必说，历史组刘金静两次设计开头小序的动态篇章，数学组袁军霞空间传送制作幂方的课件，区市教研员以及本学科教学大咖，点点滴滴严谨指导，走在追求完美的路上……想自己，多少个深夜与周末的备课思索，白天忙碌着级部工作，晚上周末绞尽脑汁地思考设计，做饭时思考、上班路上思考……用心读书《最帅双胞胎北大学子》三遍，运用主人公的成长经历一案设计参赛课案。过程不易，然而正是这些难忘的背后经历恰恰酝酿了成长后的甜蜜。

一切都是逼出来的。本是难得的宝贵机会，忙于级部管理又43岁"年长"的自己，被"安排"参赛，焦虑后抱着完成一堂课和又不能给学校丢脸的双重负担开启了此项目。世间从没有简简单单的成长，正是这些成长，成为安身立命之本。

幸运收获源于对工作的敬畏、对生活的心怀善意。奉献是教师的天职，谦让是人生的美德。三让为善：一让，让出晋升一级职称的唯一名额给老教师；二让，让出德育先进个人给年轻老师；三让，让出优秀教师名额给骨干教师，名誉面前不贪婪。三抢显格局：一抢，为学校年底评比出场比赛，抢着认真准备，从不问代价与报酬；二抢，参加中考阅卷，带队毕业年级、筹备毕业典礼身心俱疲，却抢着中考阅卷，只因同组老师孩子年幼更需陪伴；三抢任教工作量无需优惠，只因酷爱教学。做好工作必不可少的是做人情怀与格局。你若花开，蝴蝶自来。

三、满怀激情，做敢担当善作为的班主任、级部主任

做级部主任，践行学校以学生为圆心的"圆文化"管理。面对困难敢于探索，构建"严管+厚爱""激励+约束""民主+法治"的管理新机制，引导孩子求真理、悟道理、明事理；面对竞争敢于创新，连续5年带毕业年级，探索"尊重差异、分层走班、培优补弱、分类达标"的管理模式，为学校中考实现八连冠贡献了智慧和力量。注重学生身心健康发展，做有温度的教育。

亚里士多德曾说"教育之根味苦，教育之果味甜"。2015年，我刚做完手术，不能说话、虚弱，硬是坚持走完了最后的毕业年。毕业典礼面对孩子们远离实验初中的背影，眼泪便止不住地流下来。相伴三年的倾心倾情，眼看着从可爱的小不点，成长为有担当的翩翩少年，三年起早贪黑，心心念念地都是那些优秀孩子、那些问题孩子……总是争取与家长共同面对孩子成长的青春困惑。635个孩子，作为级部主任可以全部喊出他们的名字。如今，他们奔向天南海北。自己也因为尽责担当，被学校安排连续5年带队毕业班，不断地积累丰富的经验。

教育是神圣的工作，家长的致谢锦旗是莫大的肯定。在促德育养习惯、抓智育提成绩的同时，开启一项阳光事业，特别关注学生的心理健康，用焦点教育的理念与孩子交流。孩子的进步就是最大的胜利。一个狂风暴雨的下午，连续上完三节课疲劳的我遇到娇弱的男生："林老师，我要离家出走。"被孩子的话语震惊，也被孩子的信赖感动。我与孩子对话交流长达2个小时，减缓了男孩因父母关系不和家庭常年冲突带来的心理焦虑与压力，帮助孩子能够相对坦然地面对生活中的不幸。男孩的笑容是最好的礼物。多次开车前往小宇家里，携网游学习一落千丈的单亲孩子走出迷茫，顺利考上优质高中。不负单位的栽培，教育路上如痴如醉。

荣誉在外，初心不变，做唤醒学生生命自觉的老师。目前本人正致力于研究如何培育和弘扬社会主义核心价值观，让习近平新时代中国特色社会主义理论走进课堂，让思政课成为每一个学生成长道路上的人生加油站，从这里出发，持有健康的三观，步入多彩的、实践的、探索的世界，谱写美丽的人生篇章。

做追光者　直到散发光芒

——我的专业成长故事

胶州市教工幼儿园　刘　欢

每个人的心中，都会有追求，那坚持的方向，就是一束光，照亮我们前行的脚步。记得参加工作的第一年，我的班主任和配班老师（后来成了我的师父）在全市教师节表彰大会上，作为优秀教师代表参会。她们身披绶带神采飞扬的样子深深地印刻在我的脑海中，我决心要向她们学习，做一位有思想深度、有专业高度、有教育温度的老师。

在我的专业成长之路上，有这么几件意义重大的事情。

一、初生牛犊栽跟头，出师不利的新秀亮相课

第一次正式亮相，是在胶州市新秀教师展示课上。我展示的课题是大班歌唱活动《风儿找妈妈》。这是一首关于风儿思念妈妈的歌曲，故事性强，细腻感人。在试讲的时候，有的孩子一边唱歌，一边感动地流下了眼泪。正式上课时，借班上课的孩子音乐素养非常高，我范唱了两遍，他们竟然可以跟着哼唱大概的旋律。这和我原来教案设置的流程不符。刚工作三年的我，还不具备随机调整教案的能力，为了完成任务，我只能一次次将他们硬拉回原来设置的"轨道"上，顺着教案往前"跑"。活动结束的时候，孩子们虽然学会了歌曲，但是眼睛里面一开始的光芒不见了，就像是小机器人一样机械地演唱着歌曲，索然无味。

评课的时候，有位老师好心地建议："音乐活动对教师的要求很高，如果不能把握音乐作品的情绪，不能激发幼儿对音乐作品的理解，不如安安静静地上

一个语言活动。"出师不利，初生的牛犊栽了跟头。但是，初生的牛犊也有一股闯劲，明知山有虎，偏向虎山行。我默默地听着，将大家的意见一一记录，在心里暗暗地下定决心，我一定要将音乐活动上好，让大家刮目相看。在接下来的几年时间里，我跟着师父认真研究音乐活动，每当拿到教材，我都会做好三件事：第一，将每一首音乐的乐谱唱熟并能流畅地边弹边唱；第二，了解相关年龄段孩子的心理特点和年龄特点，设计幼儿感兴趣的教案；第三，备课的时候预设各种可能，上课的时候随机调整，让自己能随时接住孩子们抛过来的"球"。慢慢地，我在音乐活动中找到了感觉，不再机械地跟着教案跑了。

二、小荷才露尖尖角，晴转多云的青岛市优质课

工作第七年，在青岛市优质课评比中，我执教的大班音乐游戏《包饺子》获得一等奖的好成绩，受到了青岛教研室专家的好评。比赛结束后，我在不同的场合至少组织了三十场"包饺子"的活动。赞扬的声音接踵而至，我也有点飘飘然，认为自己在组织音乐活动中驾轻就熟，艳阳高照。直到有一天，在为胶州市音乐教研小组展示《包饺子》的时候，上课的孩子极度兴奋，玩游戏的时候故意捣乱，越提醒越要往地上躺，我只能狼狈地结束了活动。很久很久的时间，我都不敢再去组织这个活动。我甚至对自己到底适不适合组织音乐活动充满了迷茫，不知道自己接下来该何去何从。关键时刻是师父点醒了我："作为一名工作七年的教师，你对自己的要求不能仅仅停留在将活动完整地结束，还要想想活动的过程中能带给孩子什么。当小朋友不愿意听你的要求时，你的教育智慧体现在哪里？你有没有用游戏的语言去提示他们？有没有脱离你的游戏情境？"

是呀，优质课的好成绩不代表我真的有了在音乐活动中驾轻就熟的能力，而是幼儿园的专家和团队将我推上了这个高度。对活动中一些精彩的环节和教育方法，我还欠缺深刻的认识。所以，看起来行云流水的教育活动，更像是一个演员将剧本进行了比较不错的演绎，缺少内在的灵魂。

夜里，我一遍又一遍回想着那次失败的教育活动，回想着师父跟我说的话。我明白了：一个教育活动想要组织好，有很多学问。要想在专业上受人尊敬，有所建树，就要脚踏实地去研究。从哪里跌倒就从哪里爬起来。接下来组

织活动时，我经常会邀请园领导来听课，请他们给予我专业的提升；请班级教师对我平日的活动提意见，看自己是否做到了高标准要求自己；家园沟通时我通过了解幼儿在家的表现，了解自己教育行为的有效性；一日活动中，我更加专注地去研究儿童、走进他们的世界，因为他们才是我专业成长的根本。

三、拨开云雾见天日，茅塞顿开的青岛市公开课

再次公开组织音乐活动，是在青岛市公开课上。工作九年的我选择了大班音乐游戏《熊和石头人》。欢快活泼与缓慢低沉相结合的音乐素材，大熊和石头人斗智斗勇的故事情节，深深吸引了我，也深深吸引了孩子们。我们沉浸在音乐所带来的游戏情境中，分别扮演大熊和石头人去互相试探，为了抓到更多"猎物"或者不被大熊抓走而绞尽脑汁地想出各种狩猎技能和保护自己的方法……在欢乐而紧张的音乐氛围中，没有人还记得自己是一个老师或者是一个孩子，我们就是熊和石头人。活动结束时，孩子们意犹未尽地说："老师，听着音乐玩游戏真有趣！我们还想玩！"我长吁了一口气，悬着的心终于放了下来。

这次教育活动，让我茅塞顿开：原来，台上一分钟台下十年功，说的是这个道理。教育需要沉下心来研究，不能有功利之心。平日对孩子的观察，对教材的钻研，对理论的学习，一起汇聚成对教育活动的把握和诠释。

四、千淘万漉虽辛苦，吹尽狂沙始到金

伴随着持续不断的努力，更多专业发展中的第一次接踵而至：第一次作为主持人立项青岛市课题，第一次承担青岛市名师开放课，第一次收到权威期刊的编辑来信，第一次被V2复印报刊资料转载文章，第一次做青岛市级教育经验交流……相比一开始对荣誉的患得患失，我更加注重自己在过程中的收获，我能给予孩子和周围人什么，我的专业能力是否又有所精进。我坚信，成长就是在"千淘万漉""风吹沙尽"之后的蜕变。

如今，我也有了自己的小徒弟，还成为一名光荣的支教教师。每当我有一点浅薄的见解和想法的时候，我常常想起第一次教师节时看到的情景，想起我的师父对我的影响。我想，当我们坚持追光的时候，不知不觉中已经沐浴了这束光，散发出属于自己的光芒。

我和我的教育梦

青岛市崂山区实验初级中学　刘金娥

　　我一直觉得自己挺幸运，在前进的路上有关心我的领导、师长，有给我忠言的朋友，有爱我的学生，有无怨的亲人。在人生的道路上，我也遇到过许许多多正直、无私、善良的好人，此时，我的脑海里浮现出了我的启蒙老师李岩峰、赵春凤先生，从教路上遇见的牛锡亭、吴乐琴、邹欣、郑成业等前辈。和他们在一起，我享受到了语文教学和做人真正的自豪感和幸福感。我常觉得如果我能为这个世界多教育出一个有用之人，或者让某个人多一点真善美的品质，那就是一种贡献，一份价值，就不枉为人师。

　　我很欣赏于漪老师的一句话：要让学生在学海中扬帆远航，教师就须东风细雨，活水流淌。教海无涯学为舟，做一辈子教师，一辈子学做教师。

一、母校筑梦，体验成长

　　2001年我进入了我的母校——青岛市崂山区第五中学任教。正值新课改实施之际，作为新人的我，一方面要熟悉新学生、新教材、新变化，还要去解读一些新课程理念，可谓集"万新"于一身，让我这个新人格外忙。好在校内有老教师引领，校外有专家垂青，让我这个初出茅庐的"新人"有了前进的方向。

　　2003年，我有幸参与崂山区由人教版到苏教版教材转变的实验，一轮就是三年。新课改倡导"自主、合作、探究"的学习方式，注重创新能力和终身学习能力的培养。而我在我的课堂中，牢记这一点，并注重学生学习方式的转变，学习能力的培养。于是课改实验中，跟随区教研员赵春凤老师在语文阅读教学中倡导"评点式阅读"并进行研究。"评点式"教学充分体现了"以人为本"的教育思想，教学中着重注意学生的独立思考和实践探索。学生在自主、合作探索的过程中，体验到学习的乐趣和成功的喜悦，是适合学生学习语文的有效方式，最终把学习变为自觉、自愿从事的活动，形成自主学习的能力，养成自主学习的习惯，为学生终身学习和发展打下基础。

2003年10月，那是我与学生在加入新课改后的第一次亮相，举行区级公开课，可以说我比学生紧张。整堂课学生出色的表现给了我莫大的鼓舞，最终我们获得了成功。自从那次公开课以后，我们之间便有了默契，不需太多的言语，也许一个眼神、一个动作足以明白对方，也让对方明白。在课堂教学中，我们进行着心与心的交流，享受着思维火花碰撞所带来的畅快；在人生的这个大舞台上，我们扮演着自己的角色，也展示着我们各自的风采，每一次的成功与失败我们一起分享与分担。一些荣誉和成果纷至沓来，最开心的并不是自己所获得的各种荣誉，而是在教学中与学生之间所进行的心与心的交流与碰撞。

课改一轮下来，教学取得了显著的成效：课堂上举手的多了，敢于直言的多了，敢于和老师争辩的人也多了。新颖的教学方式激发了学生的思维，也调动了师生的积极性。课堂上，浓浓的求学气氛久久地弥漫在教室上空。我想这源于有爱的引领，我相信，在课堂中，一切皆有可能！只要心中装着新课程理念，并为之努力，它就会回报你一个明媚的春天。我教育之路的春天，也伴随着新课改的脚步在一步步地临近。我参与，我体验，我快乐，投身新课改十多年，我也在一步步地成长，从一开始的教学新手走到了区市级教学能手。

二、寻梦华师，合作成长

2014年，我有幸参加"青岛市中小学教师科研工作站第九期访学研修"，成为其中一员。近两年的访学时光，彻底打开了我了解前沿思想的大门，进入了另一个天地：每周一次的活动，涉及阅读、实地考察、课堂研讨等。2015年9月，我们一行70人在于立平所长的带领下，前往华东师范大学集中学习。也就是这次学习，让我开始进一步思考：当前教育发生了什么？教育在向何方行走？如何认识教师成长的过程？如何认识学生学习的过程？如何找到真实高效的课堂？常见公开课现象的背后说明什么？教育的明天会是什么样？拜师华师大，问道大上海，问题也是收获。

专家团队总体上呈现了国内最新和最高水平的研究成果，授课者多数为国内有研究实力、有决策影响、有理论建树的教育专家，例如，钟启泉、吴亚萍、卜玉华、周彬等教授。专家们对中国教育改革的大趋势持认同态度，对国际教育改革和发展动态高度关注，对中国教育问题研究有着长期的积淀和认知，形成了各具特色和体系的教育理论体系和学术思维。专家们普遍对当前中国教育改革的种种现状持个人角度的担忧和学术意义上的批判态度，对素质教育以及各类形式的新教育思潮进行分析，以丰富的实验数据和案例论述其理论体系，具有很强的指导性和应用价值。

此次访学是一次旅行，一餐盛宴，也是一场搬运。学海扬帆，心灵滋养，新知生成。这是一个不断接近真相和形成认识的探究过程，也是个人寻找使命感、方向感的体验过程。华师大之行是一次角色和角度体验，一次颠倒和更新，一次否定与肯定。人生需要归零，需要换位，需要创新，需要实践，对我来说，这既是一次激活和唤醒，更是一次再造和新生。

华师大之行，我们与专家同行，享受着丰盛的文化大餐，他们把身体力行的教育经验毫无保留地传授给我们，我们可以从中整合、提取、配置、利用，指导今后的教育教学实践。

科研站是一个学习研修组织，也是一个展示交流的平台。这种展示交流帮助老师将隐性的教育智慧显性化，引导大家以研究甚至批判的视角审视教育实践，从理论的高度提升自己的教育教学经验。

我想，人生总是在不断迎来新的一天，开启新的生活，我们的相逢是一种新生，我们的结业也是一种新生，正如未来我们重聚还是一种新生，我们的人生需要新生的洗礼与喜悦，也需要彼此的分享与关照，这正是我们访学研修的重要意义。

三、圆梦实验，智慧成长

理想从不抛弃苦心追求的人，只要不停止追求，你们会沐浴在理想的光辉之中。2019年8月26日——一个值得用一生铭记的日子，我有机会进入了新建校——华东师范大学附属青岛学校（青岛市崂山区实验初级中学）工作，也就是从此刻起，我的教育教学之路又开启了新的征程。

学校特聘华东师范大学刘名卓博士担任校长，选派上海市资深校长陆桂英担任执行校长，与本地领导干部搭班组成学校领导集体。学校确立了"精彩教育，适性发展"的办学理念，提出了"为成长打好底色，让生命绽放精彩"的办学特色。通过个性化的教育，培养适应未来社会的，具备健康身心、必备品格和关键能力的优秀学子，旨在创办一所以学生为中心、凸显信息化办学特色、具备国际化视野的现代化优质学校。进入这样一个团队，无疑是幸运的，更是幸福的，这是一个全新的开始，连呼吸仿佛都带着甜味儿。

进入实验初中，我首先开始自我反思：有实践，缺乏理性思考；有经验，缺乏总结提炼；有成效，缺乏成果提升；有影响，缺乏个性创新。以上种种是我专业成长的瓶颈，也是再提升的症结所在。教师的"意义世界"是通过创造教育文化而生成的，专家型教师要在教育文化的世界里做出自己的贡献。有幸在两位上海专家校长的引领下，在语文世界里我可以自由地成长。

语文教学的宗旨，始终围绕"教会学生自主学习"，而语文教学的基本理念是基于《语文课程标准》，引导学生多读书、多积累，重视语言文字运用的实践训练，在实践中领悟文化内涵和语文应用规律，进一步提高学生理解和运用语言的能力。同时引导学生丰富语言积累，在对范文的学习中，培养对民族语言的感悟能力和热爱语言的感情，并使学生在掌握语言的过程中受到民族精神、民族文化的熏陶。

阅读的最高境界就是有创意的表达——转化成文字（写作）。通过创编作文的项目化学习，一方面激发学生作文创作的热情，同时将学生的阅读活动深入推进，还增加了美术设计元素，这些学习活动充分发挥了学生的创造性思维，实现了由低阶思维向高阶思维的转变。

借助刘名卓校长的"精彩教育大课堂"研修坊，我在逐步打破"一言堂"的现状，鼓励学生多思考、多探究、多合作，发挥学生主体地位，激发学习内驱力，培养学生思维品质和能力。我顺利完成了课堂转身并积极践行我校"先学后教，因材施教"的教学理念，突出学校的"1+3+6"教学模式。在刘校长的进一步指导下，我采用逆向设计法进行追求理解的教学设计，运用智慧的教育方法进行教学活动，做学生信任的教师。引导学生参与到学习活动当中去，让学习成为一种自觉和习惯。

　　"一个人走得很快，一群人可以走得很远。"没有完美的个人，只有完美的团队。我们坚信，在华师大专家团队的高端引领下，心之所向，身之所往，用心组织好每一次教研活动，精心做好每一份教学设计，倾心打造不一样的"精彩语文"教学。我同样坚信，学生在一次次的语文活动中潜能被唤醒，思维被激活。师生同心，在语文的世界里尽情绽放不一样的美好生命。

　　"追逐梦想总是百转千回，无怨无悔从容面对。"把你我的热情和智慧植入今天现实的学习土壤中，成长才会生生不息，不是吗？

醉心教坛勤耕耘　润泽生命助成长

平度市南京路小学　柳　霞

我是平度市南京路小学教育集团语文学科中心组成员——柳霞，高级教师，从教31年来先后荣获"青岛名师""青岛市学科带头人""青岛市教学能手""青岛市优秀专业人才""平度市首届教学名师""平度市优秀教师"等称号，获山东省、青岛市优质课一等奖，出示过山东省、青岛市级公开课，并多次举行各级理论讲座及经验交流，发表文章多篇。

一、坚持，成为一种习惯

从踏上讲台那天起，我就恋上了这三尺大的地方，31年如一日，坚守岗位，痴心不改。那年腊月十一，是双方父母定下的婚期。适逢期末前夕，为了不给孩子们耽误功课，我结婚前的晚上回家，结婚第三天就回到了讲台上。听到同事们不解的询问，年轻的我有些羞涩："快考试了，不能影响孩子们的复习。"

2002年孩子上幼儿园，因为发烧没人陪床，我便请诊所的医生到学校家属院给孩子输液。医生扎完针离开后，上课时间到了，为了不影响上课，我叮嘱三岁半的儿子：不许睡觉，不许乱动，不然鼓针会很疼很疼的。便急急地赶到教室上课了。当我下课回到家，看到针管里的液体已经到了底部，不由地吓出了一身汗：幸好孩子听话，幸好及时赶回……如今提到这事，我依然心有余悸。

2007年4月12日早晨，我上班时不慎从楼梯上滚落下来，脚肿得像馒头，我硬是一瘸一拐地走进教室，咬牙讲完新课。课间休息时，办公室的老师看我斜着身子靠在椅子上的痛苦样，都劝我去医院瞧瞧，于申英老师更是热情地推来摩托车，载我去中医院拍了片子。结果出来了，骶骨裂缝，脚骨扭伤，医生下了卧床休息的医嘱。可我坚持让于老师把自己载回学校。从此，我坐在凳子上为孩子们讲了一个多月的课，午饭都是二年级的儿子买回教室吃的。大家劝我休息几天，我说："学校里一个萝卜一个坑，哪有多余的老师。我是脚伤了又不是脑子伤了，不影响讲课的。有我这个坐着的班主任在教室，孩子们的心就不会散。"由于没有及时休养，我的脚伤直到暑假也没好，为此，我又跑了一个假期的医院。可每每大家说起这件事，我总是满脸的自豪："我没给孩子们耽误一节课，厉害吧！"

2020年，我腰椎间盘突出病情加重，坐几十分钟就痛得难受，医生建议我卧床休息。适逢学校小班化又分出十几个班，领导为师资欠缺发愁的情况大家也都十分清楚，于是我咬着牙完成所有的教学工作，坐着没法批作业就站着批，晚上通过微信收取作业躺着批。

二、痴迷，是一种追求

"她是为教学而生的。"这是老同事对我的评价。教研室于淑香主任曾经说："你们别看柳霞老师生活中不太张扬，可是，一到讲台上，她的灵气就展示出来了。"学生卢鹏云赞美我的文章发表了……其实，跟我共事的老师都知道，这一切的一切，都源自我对教学研究的痴迷，对教学艺术的不懈追求。

从工作之初，我就自费订阅了好几种教学刊物，但这远远不能满足我的渴求。学校阅览室的大量教育教学书籍吸引了我的目光。可是白天工作很难读得过瘾，我便跟学校领导"求"了一把教师阅览室的钥匙，每当学生放学回家，我便急急跑向那两间梦寐以求的小屋，如饥似渴地捧起心爱的教学读物，一个教学案例、一篇教学反思、一种新颖的教学理论，常常引得我忘记了时间。当回到家，看到儿子已经睡着时，我也会自责，可是第二天，还是会情不自禁。慢慢地，这两间小屋成了我双休日和节假日固守的阵地，我的很多讲座、公开课、优质课的设计都是在这里完成的。当幼儿园的老师告诉我，开学第一天，班里的小朋友只有儿子说的是土话的民谣时，才想起自己居然没有教儿子一首完整的儿歌。儿子是跟照顾他的八十多岁的太姥姥学的民谣。

每当大家谈起自己喜欢的影视明星，我总是一脸茫然，也许就是自己眼拙，看过了接着就忘了。可你要让我说说全国的教育名师，我能如数家珍，每个人的风格都记在心上。以前是想法购买名师教学录像，后来有电脑了，能上网了，我便在网上拜师学艺。大师们的一举手一投足、一句精彩的鼓励、一个会意的眼神，都能在我的心中泛起涟漪。久而久之，我把课也上得行云流水，其他同事争相模仿我的上课语言。同时，我的学习能力和研究成果也在一次次的比赛与活动中得到肯定与证实。因为小学阶段对老师们的任课要求是根据需要调整的，我是教一科爱一科，研究一科。因此，我曾经任教过的语文、数学、科学、品社四个学科都在平度市的各种教学比赛中获得过一等奖。其中品社和科学分别参加青岛市的优质课比赛和公开课。更可喜的是，2004年，在山东省的优质课比赛中，我代表青岛市取得了全省第一名的好成绩，并在第二年出示了全省公开课。并先后获得了山东省教学先进工作者、青岛市学科带头人、青岛市教学能手、青岛市青年教师专业技术人才等称号。在成绩面前，我没有骄傲，在市领导的安排下，我用一次次的讲座和公开课将自己的理解展示给大家，供大家研究学习。平日里，我在教学之余主动承担起年轻教师的指导任务，给他们一遍遍地听课、评课，共同查阅资料，一起设计教学流程。连从来没教过的美术、音乐课，也有老师找我帮忙设计一下过渡语言。为此，不知交流过多少个深夜，牺牲过多少个周末，我总是乐此不疲。当被我指导的老师拿着一张张获奖证书向我表示感谢时，当新老师告诉我自己被青岛、被平度录取的喜讯时，我的心里比吃了蜜还甜。

三、爱心，是一种本能

从教二十二年的我也整整担任了二十二年班主任，笑迎一批批小不点进校门，泪洒一个个毕业分别的时刻。跟一批又一批孩子的真诚相处中，是爱心书写着一个个平凡又感人的故事。

2006年，因为父母离异，栋从北京转学到我的班，见面不到二分钟，就喃喃地说："老师，我想妈妈！"望着这个不到七岁的孩子，想到他从此将长时间见不到父母，我把他搂在怀中向全班同学作介绍，教室里立刻响起了热烈的掌声，孩子们都懂事地喊着"欢迎！"听到大家热情的呼喊，他的脸上露出一丝笑容。由于种种原因，他落下很多功课，每天，我课上注意激发他学习的兴趣，课余为他补课，跟他谈心，渐渐地，他每天都跑到我的面前说说心里话。星期日，接他回家补课，让同年级的儿子跟他做朋友，一起玩游戏。那天补完课后，他拉着我的手说："柳老师，我以后住你家吧！虽然你家不如姑姑家漂亮，但是你更像妈妈！"听到孩子发自内心的话，我更加坚信：在教育的天地中，只有付出真情，才能收获快乐。

霖的家庭是畸形的，父母天生不和，在他们无休无止的吵骂声中，他战战兢兢地走进南京路小学。在小鸟般叽叽喳喳的一年级新生中，我发现了这个失落、孤僻、寡言少语的孩子。于是经常牵着他的小手跟他交流，给他关爱，就在他感受到学校的温暖开始变得有些开朗的时候，父母却再也忍受不了彼此的折磨终于离婚了，霖跟了妈妈。从此以后，妈妈好像把婚姻的不幸都怪罪在孩子的头上，下班就出去打麻将，经常彻夜不归，对孩子不管不问。小小年纪的霖早晨自己起床出去买油条吃，中午晚上在拖辅中心，当别的父母下班接走孩子的时候，霖就背起书包自己走回家。在凉凉的秋风中，霖仍然穿着单薄的坏了拉链的外套上学，我便在下课的时候帮他修好拉链，嘱咐他及时加衣。早晨睡过了头，就用电话把他唤醒赶来上学。那个早晨，上课铃已经响过，教室里还没有霖的影子，拨响电话，可始终都没人接。怎么办？几经努力，终于在河边找到了孩子的身影。我找到霖的妈妈，谈了好长时间，并表示今后的日子，自己会和她一起分担照顾孩子的工作。于是，买书、买笔、买本子，跟他交流学习方法；陪他妈妈聊天，帮他们解决生活中的困惑。霖的脸上终于有了幸福的笑容，学习成绩进步了许多。那年春节前，霖妈妈带着一箱啤酒来到我家说："柳老师，谢谢您这几年的帮助，这是我们厂子自己生产的啤酒，您尝尝！"我坚决推辞了，并拿出准备好的书包说："这个书包送给霖当新年礼物，祝你们幸福快乐！"

托尔斯泰说："幸福的家庭都是一样的，不幸的家庭各有各的不幸！"的确，坤坤也是个缺失父爱的孩子，从他的身上能读到不同的辛酸。上学后不久，他就因调皮打架给大家留下了深刻的印象，一天到晚都有同学告他的状，交流一次好不了半天。一次下课后，他竟然因为教室门锁上了而使劲踢，结果把门踢出了一个大窟窿。问他原因，还理直气壮地说："谁让他们关门的！"为这事我找到了他妈妈，经过一番谈话才知道，坤坤从小就没有了父亲，妈妈又没什么特长和工作，两人租住在福州路一间破旧的房子里，靠帮人洗车来支付生活费和房租，因为条件简陋，有时一天都洗不上一辆车，两人的温饱都成问题。生活在这样的环境中，小坤坤从小个性特别，总爱跟人对着干，妈妈也拿他没办法。听着他妈妈伤心无奈的诉说，本来是想谈赔偿门的问题，可话到嘴边，我说出来的却是"这孩子太可怜了，以后我们一起关心他"。下午，我请来了木匠维修教室门，当告诉大家因为这次换门板花掉一百元钱时，坤坤的眼睛里满是惊讶，这个数字已经开始触动他的心灵。随后，我为他申请困难补助，减免了书费，在为儿子准备学习用品时也为他准备一份。爱是神奇的，一天天的相处，依然调皮的坤坤没有了叛逆。每逢过节，买的衣服和礼物也是双份的，每次送去一份关爱后，总能收到他们母子发来的短信，那份祝福和感激之情会让人感觉到付出也是一种浓浓的幸福！

被评为首届名师那年，在领导的安排下，我走进偏远的乡村，跟那里的孩子们进行了为期一周的相处。在讲述这段经历时，我有些动容：乡村的孩子是那么质朴，那么真诚。为他们上语文，上科学，跟他们一起聊天，听他们那充满童真的心声"老师，我们喜欢你""老师，你又年轻又漂亮""老师，再给我们上一节课吧"……你会产生一种难以遏制的激情，真想多教他们一些，多陪他们一会儿。白天，我神气十足地给那儿的学生上课。晚上，我总是备课核准实验材料到深夜。

这就是我，平凡而幸福的一名小学老师，为了棵棵小树长得参天，我愿意竭尽所能地付出，甘做一片美的叶子。

我的医学中职名师的成长之路

山东省青岛卫生学校　宋军华

有人说，教师犹如古诗所形容的——"春蚕到死丝方尽，蜡炬成灰泪始干。"然而，正是这样的人生价值实现方式，吸引着我在研究生毕业后，从一名内科医生转为了光荣的中职教师。回首我二十几年的工作经历，从一名大专毕业生成长到目前拥有博士学位的名师，多年奋斗的历程犹在眼前，历历在目，难以忘怀。

我将名师成长之路整理为以下4个方面：勤学不怠—我的学历提升之路；孜孜矻矻—我的教学名师之路；饮水思源—我的志愿服务之路；幸福密码—我的精力管理之路。

一、勤学不怠——我的学历提升之路

扎实、广博的专业素养是名师教育的基础。作为教学名师，在学业上，坚信天道酬勤，坚持"勤"字当头。勤能补拙，自律自省。

1997年，大专毕业进入医院工作后不久，我发现自己的医学知识储备量不足。于是，在值完夜班之后；在别人吃饭打牌之际；在他人刷剧游戏之时，我就在僻静之处默默地背诵英语单词文章、数学晦涩难懂的公式，终于通过了专升本考试。一勤天下无难事，勤奋的习惯在继续。随后我又攻读了硕士和博士研究生，因为我深知，"水之积也不厚，则其负大舟也无力"，厚重的专业知识是名师必备的条件。

虽然在校学习期间非常艰苦，经常半夜一两点钟才结束枯燥的文献阅读和实验，披星戴月、栉风沐雨往返在实验室和宿舍之间，甚至曾经为了获取实验数据连续48小时不眠不休，疲劳到多次在公交车上坐着就睡着了。所有的付出都会有所收获，读博期间参与国家973重点课题为我打开了一扇通往科研的大门，让我形成了缜密的逻辑思维，掌握了科研思维方法、检索技巧、论文的撰写方法，学会使用多种软件，更加锻炼了我在医学教育教学中善于发现问题、总结归纳反思提升的能力，最终在SCI评分为7的Cancer Letters上发表科研论文，让我体会到跨过沟堑后的成功与喜悦。

示范效应：我本不是天资聪颖之人，但始终秉承终身学习的理念，有坐得住冷板凳的韧劲，并且把学习和应试的技巧和方法对学生倾囊相授。进入卫校的孩子经历过中考的挫折，缺乏自信心，时常有同学对自己的学业和未来抱有消极悲观的态度；也有同学在专升本备考时压力太大想要放弃。我就经常和他们谈心，把自己的故事讲给他们，鼓励他们重拾信心，传授他们学习技巧。2021年，我带的2016级药剂2班在20名报考专升本的同学中有16名考取了心仪的大学，2022年有一人通过了硕士研究生入学考试，我们班被评为青岛市优秀班集体，同学们也带着终身学习的理念、恰当的学习方法走向自己璀璨的人生。

二、孜孜矻矻——我的教学名师之路

1. 教学比赛——观摩学习之路

硕士毕业后来到卫校，专业知识储备虽然有所增加，但是没有受过正规的师范培训，如何备学生学情、如何进行教学设计是我的短板，机械枯燥的讲解让我的授课平平无奇，对学生期望值过高也让我备受打击。

所以我做好计划，首先多读书，读教育书籍、专业书籍，踩在前人的肩膀上前进；多听课，跟有经验的教师学习，学习如何与中职学生相处，如何将课程讲得引人入胜，我曾经持续一个学期一次不落地系统听一位老师授课；我听过很多我们学校老师的课，也听过很多其他学校老师的课。记得有一次去二卫校听课，大雨滂沱，观摩之后心中却异常充实：又学到了实用的医学教学方法；我珍惜每一次学校给予的培训机会，向各位授课的大咖学习，我如饥似渴地积极报名参加我们学校的培训、青岛市的培训、国培项目培训，不放弃每一次学习的机会，认真记录每一次学习心得并及时应用到教学实践中，不懂就问，每一位老师都会认真解答我的疑惑。

多次的观摩学习，让我在教学设计方面有了长足的进步。我还学习图形图像制作软件、音视频制作与后处理软件、数学与统计软件，经常利用各种软件自制动画、视频、网络资源库等教学资源并加以统计分析，不断进行教学设计的创新和评价的模式创新，促进同学们对枯燥医学知识的理解，让我在教学比赛中收获颇丰，在青岛市"一师一优课"、青岛市教学能力比赛中均获得一等奖。

勤于教学促进了创新的能力。我在从事医学教育过程中，注意培养同学们的创新思维、批判性思维。我和同学们一起探讨中医中药与人们健康之间的密切联系、运动康复在疾病预防和治疗中的应用等项目，积累了大量的数据和基础，因此多次参加山东省黄炎培创新创业比赛并获得一等奖。

2. 教改科研——导师推动之路

在长期的观摩学习中，我养成了勤奋认真的习惯。我认真对待教学中每一件事情：认真备课、做好教学设计、认真准备每一次比赛、认真处理班级的事务、认真挖掘教育中的隐含规律。教研问题的发现和解决促进了科研的进行。

（1）在一线教学过程中，我又发现中职医学生成绩的提升是难点也是重点，而学生的成绩是学生科学素质和学校教学质量的重要体现，是教学制度和教师授课质量的精准反映。如何高效利用大数据挖掘出有利于提升学生成绩的影响因素和隐藏信息，并根据适时数据对教学质量进行动态诊断和改进，是我们学校亟待解决的事情。因此，围绕着这一问题，我带领同事们尝试收集影响成绩的诸多数据并进行相关分析，研究之后对症提出很多有价值的对策和方法。

根据此项研究整理出来的一线教学资料，在青岛名师导师张壮志的指导下，我从整理浅层次、碎片化的医学教学观念，上升到深层次、结构化的教学哲学，成功申请到青岛市"十四五"教育规划课题《基于学生成绩数据挖掘的中职医学专业教育质量提升研究》的立项。非常感谢张老师，无论我提出的是教学方面的问题，还是科研方面的问题，无论我在凌晨提出问题，还是深夜提出问题，张老师都第一时间给我解惑，从教学到科研一步一步推着驽钝的我前行。

（2）工作中，坚持以落实立德树人根本任务为出发点，专业知识的传授和道德修养的培育相结合、言传与身教相结合，和同学们在学业上共同进步，同时步入更加高尚积极的思想境界；医学院校担负着为临床一线培养医学人才的重任，医学专业学生未来都将肩负起治病救人的责任，医学院校教师更应高度重视对学生思政素质的培养，充分发挥专业课程协同育人的功能。因此，我始终把价值引领和塑造放在首位，孜孜矻矻，笔耕不辍。

在教学中我细心研究德育隐性渗透，并带领青岛卫生学校医学基础专业教研室老师深入研究并挖掘医学专业课程中蕴含的德育元素、探索课程思政具体途径和方法、针对存在的问题考虑并实施对策；制作课程思政网络资源库、活页式教材、相关视频等多种思政资料，制备系统的思政资源。将医学专业基础与思政教育有效衔接，系统打造医学基础课课程思政建设的有效路径。并联系最新的时事报道，及时更新课程的PPT、授课设计等内容，知识的新颖有趣让学生更加易于接受枯燥的医学知识。在新冠疫情期间，及时加入护理人员不惧危险为患者吸痰的操作视频等最新的素材。由于思政课程前期工作充分，整理的资料翔实，一线思政教学的宝贵资源，犹如源头活水，让我成功发表了国家级论文一篇，并在青岛名师导师张壮志的指导下，申报且主持了山东省教改课题《中职护理专业医学基础课课程思政的建设与实践研究》。

示范效应：勤于合作让我走得更高更远。独行疾，众行远。教学科研中我共享医学资源与环境、分享我的知识能力与经验智慧，带动身边的教师一起进步，牢记名师的职责，多次开设青岛市公开课、交流课，指导周围的教师进行课堂的教学设计，指导他们参赛，指导他们科研和论文；众人拾柴火焰高。在合作的过程中，我也得到了各位老师的帮助，博采各家之长，从专业和教学的双重小白提升为专业知识精湛、教学方法得当的教师，从单纯教学实践提升到科研理论高度，蜕变为教学名师。

三、饮水思源——我的志愿服务之路

立德树人，德高为范，不光言传，尚需身教。德育的引领作用不仅仅体现在课堂上，更体现在实践和具体操作中。作为双师型教师拥有医师资格证的我，在教课之余，经常深入社区，利用自己的专业知识为周围市民做免费诊疗服务，足迹遍布市南各大社区、学校、公交车站等处，并带领同学们在养老院

等机构一起做志愿服务。

2020年初，面对突如其来的新冠疫情，医者的责任心和使命感让我主动请战，成为青岛市新冠肺炎疫情防控志愿者。编制新冠疫情防控防护培训资料，为志愿者提供科学、易行、高效的防控知识技能指导。2020年3月，疫情防控的重点转为境外输入。我第一时间赶赴机场参与防控志愿服务，承担起旅客测温、信息登记、转运乘客等工作。

示范效应：因为从事了大量的志愿者工作，2020年，我获评"山东省抗击疫情优秀志愿者"。2021年，我获评"青岛市最美劳动者"称号。我将大爱无疆的医学奉献精神，深深地植入每一位学生心中。我所带的学生遍布青岛市的各大一线医院，多名同学参与援鄂的抗疫斗争并获得"援鄂优秀志愿者"称号。

四、幸福密码——我的精力管理之路

勤于自律让我精于时间管理，善于处理工作时间和家庭时间之间的关系，让我能够做一名幸福的中职女名师。工作之余，我们一家读书不辍、勤于学习、锻炼身体。女儿德智体美劳全面发展，多次代表市南篮球区队参赛并获奖，曾获得"中国体育彩票杯"青岛市篮球锦标赛团体亚军。与父母老人关系和谐，我们的家庭先后获得青岛市最美家庭、青岛市文明家庭等称号。在家中，我们是最亲密的家人；在各自的岗位上，我们是勤奋坚强的奋斗者。

示范效应：在学校，作为医学基础教研室教研组长，承担周16的课程；承担着班主任的职责；承担着校医的工作；承担上小学孩子的接送和辅导；承担父母老人的照料；每一项工作都需要花费时间和精力，所以精力的管理、时间的统筹安排尤其重要，能保证工作的质量、身体的健康、家庭的和睦，良好的心态时刻影响着周围的同事和同学们。

学历提升、勤学不怠让我拥有夯实、博学的专业素养；孜孜矻矻，笔耕不辍，成就我的教学名师；志愿服务、饮水思源，是我反哺社会之路；精力管理、爱与责任永远是我们家庭的"幸福密码"。

用心耕耘　奏响爱的旋律

山东省青岛第六中学　孙海文

心中有目标，眼中有学生，处处有教育（图1）。

图1　坐客青岛电视台

在23年的教育生涯中，我陪伴着一届又一届的学生走过了奋斗的青春岁月（图2）。爱心与奉献，构成了我教育生涯最温暖的底色。

图2　美好的记忆

　　教育是一场修行，是用生命影响生命、用生命温暖生命的过程。教育是有温度的，这一点不仅体现在知识的传授中，还体现在对学生健全人格的养成上。我始终认为，作为一名班主任，就要放下架子，把每位学生放在心上，当作自己的孩子一样来对待，蹲下身子和学生说话，走下讲台给学生讲课。诚然，班主任工作是一门爱的艺术，然而爱也需要智慧。对待班级管理，我自己有一套行之有效的班级管理方法：制定科学的评价体系，公正、公平、公开地对班级进行全方位管理；欣赏每一个学生，用爱心来换取学生的真心，营造健康向上、团结奋进的班集体氛围……

　　20多年的教师生涯中，陪伴学生成长是最美好的回忆：和学生一起学习，一起劳动，学生生病了他陪着学生去医院看病……2017年的一天，我所带的班级里一名学生由于父亲生病借了许多外债，面临辍学，在教室里默默哭泣。我了解情况后，与孩子谈心，鼓励她完成学业，同时与孩子的妈妈私下沟通，主动承担了这个学生上学的所有费用，与家长约定好，不让家长告诉孩子我的帮助。我只有一个要求，就是以后孩子参加工作了，在有能力的情况下帮助身边需要帮助的人，把这份爱心传递下去。这名学生最后考上了理想的大学，在接到录取通知书的时候，家长忍不住把实情告诉了孩子，孩子哭了……如今这个孩子已经是大三的学生了，每到节假日我都会收到这名大学生的祝福。教师的幸福莫过于成为学生一生中遇见过的最好的老师，这始终是我努力的方向。

　　我当班主任期间最难忘的一件事，由于意外我的脚骨折了，但为了不耽误工作，我拄着拐杖来上班，校长知道后，非常"生气"地让我回家休养，可我在家还是惦记着班级、惦记着我的孩子们，在家只待了五天就上班了。当我脚打着石膏、拄着拐杖一瘸一拐地走进教室去上课时，孩子们的眼睛湿润了，很多人含着泪花听课，还有的孩子哭出了声……这件事让我更加相信，只要我们老师付出真爱，一定能赢得学生的真心。

　　我是学生口中的"文哥"，也是深受学生的尊敬和爱戴的师者。我用深沉而细腻的师爱架起了师生间沟通的桥梁，学生也用可喜的成绩回报我的辛苦付出，学子足迹遍及全国"双一流"高校及各大高等院校。

　　初心如磐，不负韶华，做学者型教师。

　　在教育教学中，从踏上讲台的那一天起，我就立志做一名学者型教师，成为教育教学的能手。有人说：人与人的不同关键是看八小时之外。是呀，工作之余人们不同的活动造就了不同的人。在工作之余，我不断地加强业务理论学习，不断钻研新教材，不断研读新课程标准，不断反思自己的课堂教学，反复磨炼和修正自己，不断学习经典补元气，读休闲书养灵气，让自己的教学底气十足，让自己的书生才气十足，让自己能更快地走进新课程，贴近新高考。为了增强自身的综合素质和业务能力，我除了向名家大师的教育专著学，向同行们学，抓住一切可利用的机会学习之外，还把学习引向未知领域，充分利用网络资源共享来提升自己、展示自己。经过不断的学习和内化，我在教学业务上得到了突飞猛进的提高，形成了自己独特的教学风格，最大限度地调动学生学习的积极性，真正使学生学有所得，学有所用。

我始终相信，机会是给有准备的人的！要成功就要抓住机会，挑战自己，提升自己。积极参加各级各类教学竞赛：2004年我代表区里参加全市课改成果汇报课获得特等奖，所讲的课是全市唯一一节被刻碟作为课改示范课公开出版发行的；2006年我代表市里参加全省第二届新课程课堂研讨竞赛课，获得特等奖，并被选为省级五节公开示范课之一（图3）。市历史教研员非常激动地说："你为我市争了光呀，填补了我市多年在省历史竞赛中的空白。"

图3　公开课现场

做老师还要善于总结教学规律，善于积累，把点滴教学经验升华为可供借鉴的教育教学案例，在市历史学科优秀教师教学特色展示活动中，我做了题为

《用心去教历史》的教学经验展示，参会的领导评价说，"孙老师真的是在用心经营自己，他的教学言行感动了全市的历史教师"。2020年疫情防控期间，我受邀参加了青岛市教育局通过青岛"课后网"名师空中课堂教学平台（图4），聚集全市九科名师资源，开设普通高中阶段"时时在线答疑课"和"高三一轮复习专题辅导课"活动。同年，我被评为青岛市第四期名师培养人选。

图4 在"课后网·名师空中课堂"直播现场

最令我难忘和自豪的一次是在省级教学能手颁奖大会上，当我走上主席台，省教育厅领导为我佩带省级教学能手奖牌，学生为我送上鲜花，掌声响起时，我感觉到全身的热血在沸腾，当老师真幸福……这也是鞭策我之后不断进步的动力。现在回想起来我都感觉到全身充满了力量。

级部团结、和谐、奋进的领路人。

在级部管理上，我关爱每一位学生。"学生信任你，是因为你总是让他对未来充满希望。"这是我经常挂在嘴边的一句话，我是这样对待学生的，也是这样来勉励自己的，我经常与级部的学生谈心，鼓励学生树立信心，为实现理想而努力拼搏。

我与级部的老师携手前行，同甘苦共奋进。我一直坚持早来晚走，用实际行动表达对同事们爱岗敬业精神的深深敬意；我始终把级部内学生的成长和老师的付出放在第一位。

　　时光在变，韶华也改，可重担不变、坚守不变、初心亦未变。心中有爱，眼里有光，秉持对教育事业的热爱与执着，成就学生的幸福人生，作为青岛第六中学温暖大家庭中的一员，这就是我的信仰和追求！

孩子幸福教育的引路人

平度市同和街道白埠中学　唐金亮

　　我是平度市同和街道白埠中学（以下简称白埠中学）物理教师，担任班主任17年，现分管级部教学工作。1997年，我被分配到崔家集中学任教，3年后因工作需要先后在张家坊中学、中庄中学工作，2004年被调到白埠中学工作至今。

　　身为一名教师，我始终紧跟党的领导，牢记教师使命，扎根在农村基层教育一线，以"四有好老师"的标准要求自己。在20多年的教学生涯中，我走遍平度的大西南，先后到过100多个村庄，走访学生近千人次，行程几万公里，帮扶学生40多人，资助学生钱物合计3万余元。我用实际行动践行着"学生幸福教育的引路人，孩子美好未来的谋划者"的教育理念。

一、"可怜天下父母心"

　　1997年，刚刚大学毕业的我来到平度最西南的崔家集中学报到，担任七年级四班班主任。为了更好地开展教学，开学第一个周，我让班级里每个学生都写出自己的家庭情况、心中的理想以及生活学习方面存在的困惑。然后以村庄为单位，利用课余和周末时间骑着自行车挨家挨户去家访，了解学生情况，给每个学生都建立了详细的家庭档案，我连续三个月没有回家。很长时间没有见到我的母亲，竟然辗转倒了好几次车到崔家集中学来看望自己的儿子。当校长领着大字不识一个的母亲突然出现在我的面前时，我流下了愧疚的泪水，我这才深深地懂得了"可怜天下父母心"的含义。

　　1998年的一天，我发现班里平时性格活泼的李静同学最近不怎么爱说话了，还时不时地偷偷躲在教室的角落里落泪。我便把她叫到办公室询问情况。通过交谈了解到她的父亲生病了，住院花费2万多元，家长不想让她上学了。掌握这些情况后，周末我叫上李静村里威望很高的李建民老师和李静最喜欢的英语老师董玉晓，一起来到李静家中家访，李静的父亲中风躺在炕上，生活几乎不能自理。李静的妈妈说大女儿上大学花费大，为了给爸爸治病又欠下一屁股债，现在家里实在是拿不出钱来供给李静上学了。我劝道："上学是孩子一辈子的大事！再难也要先上学，办法由我来想。"家访结束，我悄悄把200块钱掖在炕被下，这几乎是我当时一个月的工资。周一李静没有来学校，经打听李静到高密市周戈庄镇上的一个纺织厂打工去了。我一听急了，骑自行车往返20多公里前后三次去纺织厂做工作。最后纺织厂的周老板说："唐老师，我算服你了，李静的工资照算，上学的费用也有我一份。"两年后在周老板和我的帮助下，李静升入山东省平度第一中学，考上了大学，大学毕业后也成了一名优秀的人民教师。

二、白埠的故事

时间到了2004年，我被调到白埠中学，住在白埠加工厂，妻子是厂里会计。在家访过程中，我发现很多学生的家长农闲时没有事情做，经常聚在一起喝酒打扑克打麻将，学生在这样的环境下学习，效果可想而知。于是我联系白埠加工厂负责人杨总，试着给家长们介绍合适工作，先后有20多人进入白埠加工厂上班。家庭有了收入，家庭关系和睦，孩子们也能安心学习了。家长们高兴地说：唐金亮老师不光教育我们的孩子，还帮我们介绍工作。

2012年我临危受命接收一个纪律很差的毕业班，班里有一个"小头目"X同学，是个女生，上课捣乱、打架、逃课去网吧是家常便饭，父母管不住，老师管不听。小学六年级因为爸爸的简单粗暴管教，X同学愣是一年多没有跟她爸爸说过一句话。班级在她的哄闹下，任课老师没法正常上课，我没少找她谈心交流，多次家访也是收效甚微。一天上课时间，班长气喘吁吁地跑到办公室喊："唐老师，大事不好了！X同学口吐白沫，人事不省啦！"我三步并作两步赶到教室，掐人中，清除口中污物，待她苏醒过来时赶紧送医院。那时白埠中学还在老学区，那天恰逢赶集日，汽车根本无法通过，我背着X同学跑了500多米送到白埠医院，交钱、办理住院手续、输液，忙前跑后。望着满头大汗的我，X同学流着泪说："唐老师，你比我爸爸对我都好。"当第二天上午家长从外地赶到医院时，X同学说："爸爸，是唐老师救了我。"出院后，X同学私下向我保证绝不再给班级添乱了，从此以后，她像换了一个人，主动干起了纪律班长，在她的监督下，班级纪律发生了翻天覆地的变化，班级成绩也有了显著的提升。临近毕业，X同学由于学习基础差，普通高中没有希望，我开车领着X同学及家长前后四次去平度技工学校、平度职教中心、崔召职教中心分校考察。最后根据X同学个人意愿选择面点制作。现在的X同学是青岛某星级饭店的面点师，月收入七八千元。每当谈起此事，我都倍感欣慰！

孩子是家庭的希望。2017年新学期，我又接收新生了。其中有一个姓W的学生引起我的注意，该生上课时几乎不听课，时不时地打瞌睡。我拿出成绩单一看，语文16分，数学7分，英语11分，科学……各科总分52分。我又家访了，从W同学父母口中得知，因为出生时药物原因影响智力，孩子脾气有点怪，还特别犟，不听话，说着说着，W妈妈已两眼通红。了解到这些情况，我就想，能不能结合学校幸福积分，通过有针对性的积分起到作用呢。于是找W同学谈话：上课不睡觉加1分，好好听课加1分，做一件好事加1分，周末不惹父母生气加1分……一周一评价，一月一结算；并且约定如果W同学期末考试总分超过100分，我就请他吃肯德基。年底W同学通过自己的努力拿到了生平第一张奖状"美德少年"。W同学的爸爸打来电话说，孩子拿着奖状高兴啊，搂着奖状睡了两晚！期末考试成绩总分97分，虽然不到100分，我还是领着他去吃了一顿饭。那段时间W同学见人就喊："唐老师请我吃大餐了！唐老师请我吃大餐了！"

2019年，我班里一名学生的父母在半年内突然因病相继去世，失去双亲的打击使这名学生情绪十分低落，成绩下滑很快，更严重的是该生经常半天不说一句话。我看在眼里，急在心上。我第一时间与学校领导沟通，联系团委梁举萍书记（梁书记是心理咨询师）一起做心理疏导工作，同时与红十字会、妇联、团市委等机构联系给予资助，我自己也拿出600元钱，在经济上解除这位学生的后顾之忧。为了使她尽快走出失去双亲的阴影，我与各任课老师反复商讨，课余时间经常找该同学谈心，利用假期时间多次家访，在班级中找她最喜欢的同学作为同桌，逐渐地该同学脸上有了笑容，能积极主动参加班级的各项活动，学习成绩也提升很快。当年中考该同学以超出"一九"重点分数线的成绩升入理想高中。

付嘉河的家长说："学生喜欢唐金亮老师，因为孩子们能感受到唐老师爱他们。"即便是学生毕业了遇到困惑，家长和孩子也愿意跟我交流，例如，高中生活不适应，分数不理想，高考志愿填报……甚至有学生出门在外车费、生活费不够了，我时不时地收到"救急信息"。三十、五十、一百、两百，当然给学生发红包时常会带着"埋怨"，"花钱要节俭，花钱要有数，父母挣钱不容易，千万不要偷、不要抢，钱马上到位"等等。好多人不理解，学生都毕业了，还要帮助他们。我说："学生年轻没数，出门在外缺少监督，我把钱及时给他，尽量避免他们犯错。"

2020年，一场突如其来的疫情，让武汉陷入了沉重的灾难中。天灾无情人有情。我结合平度团市委倡议，在班级发起"爱的压岁钱"——武汉疫情防控募捐献爱心活动，班里学生通过平度市慈善总会募捐2277元。我自己先后两次向武汉市红十字会和武汉市慈善总会捐款1326元。

三、"平度好人"

作为一线教师，我认真学习物理学科知识和教育教学理论，紧跟新课程标准，努力提高自己的理论素养和专业理论水平。积极参加教学改革，努力尝试小组合作、分层教学，使每个层次的学生都能"吃饱吃好"，使不同层次的学生都得以充分发展，使每一个学生的成绩都能够得到提高。所教班级成绩在年级名列前茅。

作为一名班主任，我所教的班级班风正、学风浓，学生的思想品德和学业成绩都非常优秀。在集体创优中，学生学会了关爱他人，学会了奉献集体，感受到了集体的力量，在充满爱的集体中健康快乐成长。我所带的班级多次荣获"市先进班集体"称号。2019年9月，我被评为"平度市优秀教师"，2020年4月份被平度市文明办评为"平度好人"，2021年4月荣获平度市中职升学先进班主任，2021年6月被评为平度市"最美乡村教师"。

"燃烧自己，照亮他人"是我倾情奉献、无私育人的真实写照；"促膝长谈，循循善诱"是我人生导师，热心为生的生动诠释。我经常说："作为一名人民教师，能让我的学生健康幸福成长，就算付出再多我也愿意!"

菜鸟成长记

青岛西海岸新区高级职业技术学校　李泽敬

　　2014年底，高职校评出了首批教学名师工作室主持人，评出的6人中有教坛泰斗，有管理专家，有心理教授，亦有菜鸟新秀。

　　说起新秀，你不禁会诧异，一位菜鸟新秀，被评为名师，不是很意外吗？其实不然，我被评为名师，表面看来虽很偶然，但听我细细说来，你或许会打消疑虑，认为这是必然。

　　菜鸟（图1），戴着一副椭圆边框的近视眼镜，头发有时会有一丝凌乱，身材瘦小。第一眼看上去有点像武侠小说里那种不修边幅却高深莫测的真正高手，总之，距一个为人师表的形象相差甚远。谁知"人不可貌相"的至理名言竟在我身上慢慢地被诠释着，让我们越来越相信真人不露相，露相非真人。

图1　在工作中的菜鸟

其实我这样的菜鸟能评上名师，是源于我对制图教学的热爱。由于家庭经济原因，我放弃了酷爱的美术转学机械，但在机械的学习中又发现了新大陆——机械制图。我相信这就是我的"美术"，于是便咬住青山不放松，潜心研究我的制图。

一、一身热情

毕业一年的我就运用大学自学的AutoCAD知识考取制图员高级证书，并成为制图员职业工种的考评员（图2）。出身牛犊不怕虎的我凭借一身热情，想方设法地申请本校成为制图员证书的考点（图3）。于是乎组织报名、考试培训、上机操作、材料收缴等等一系列冗长的工作就扑面而来，我不但没打退堂鼓，而且干得不亦乐乎。每次考证下来，考试的通知、试题以及考生信息等都被整理归档，成为教学第一手资料，也为我的精品课程添砖加瓦，用我自己的话说："不劳无获。"

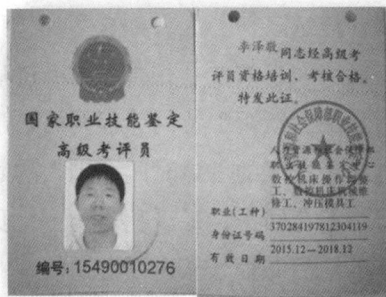

图2　考评员资格证

图3　团体会员铜牌

二、善于积累

我喜欢收集，邮票、火花集、诗歌、散文、漫画无所不爱，我更爱收集人才。每次制图培训中，我都能慧眼识珠，鉴别出些许"珠宝"，然后精心"修剪""打磨"，让它们在各类技能大赛中大放异彩。我个人也因此多次被评为计算机绘图、3D打印、机器人拆装与维护（图4）、移动机器人等项目优秀指导教师。用我自己的话说："用心去做，样样出彩。"

图4　拆装机器人

三、把握机遇

我时常鼓励学生"相信自己你能行"，也时常勉励自己"我能行"。精品课程，对于职校教师来说是个既陌生又新鲜的事物，虽然为每位教师提供了一个机遇，更是一种挑战。青岛市开展首批精品课程评选之初，人人都在旁观，我却认定，这是我的菜。初出茅庐的我报名了。接踵而来的便是张张"嗷嗷待哺的大口"——纷繁的课程资源、强有力的教师队伍、新颖独特的课程网站。于是我进入了漫长的专研过程，将别人的闲谈时间、别人的午休时间、别人的寒暑假时间都利用起来，夜以继日地忙碌着。努力就有回报，最后我成功了，我的《机械制图与计算机绘图》成为青岛市的首批精品课程。从建设之初的懵懵懂懂，到现在的行家里手，无不向人们揭示这是一个正确的选择，我因此也在全市精品课程表彰会上作经验交流。同年还被山东省轻工工程学校和青岛财经学校邀请做精品课程经验交流，我的课程现在已被立项为山东省职业教育精品资源共享课程（图5、图6）。

图5 市精品课程平台

图6 省精品资源共享课程平台

四、喜欢尝试

我还沉浸在评为首批精品课程的喜悦之中，又被通知参加为数不多的精品课程教材的编写工作。虽然我深知教材的编写是将知识系统化的过程，也是学习的过程，更是精品课程画龙点睛之笔。然而我手中有经过反复教学实践的《计算机绘图》校本教材，却没有系统成型的《机械制图》教材，编写起来几乎要从零开始，并且要体现精品课程的独到之处，真是难上加难。反复矛盾挣扎之后，我相信"我能行"。

于是我搜肠刮肚，没日没夜地搜集项目教学案例、教材知识点；构思课程结构、增删内容；请专家进行修改更正，最后终于编写出叠叠初稿。为了让第一本教材以完美的形态展现在师生面前，我在暑假培训期间，利用午休、晚休，别人逛街、娱乐之余，进行教材清样的修改。夜以继日、废寝忘食的编写，让我征服了这座"山"，捧得美人归，并一发不可收，陆续主编、参编数本教材（图7）。

图7 主编、参编的教材封面

五、永不言败

我还时常鼓励学生"彼人也，予人也，彼能是而吾不能是"。一师一优课、NOC大赛、信息化教学设计比赛、教改实验项目、全国微课大赛、机器人技能大赛、教学能力大赛……有什么样的活动，我都会积极报名参加，我坚信只有在磨砺中才能获得成功。正是有了一次次不成功的体验作铺垫，我出示了胶南市公开课、青岛市观摩课，荣获省优质课二等奖、市信息化教学能力一等奖（图8）……做事应不懈努力，终有成功之时，假如你气馁放弃了，那你只有望尘莫及、感慨的份。

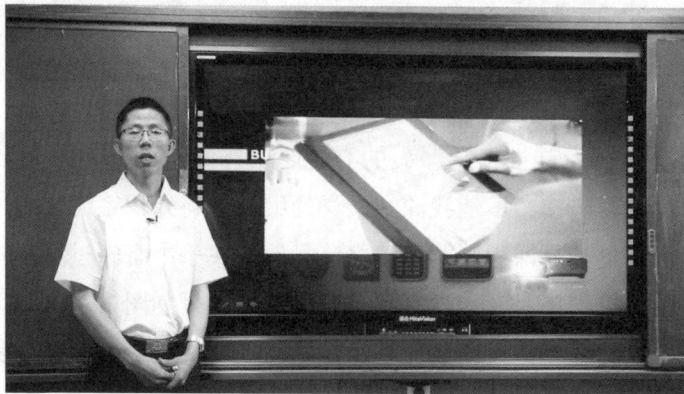

图8　信息化教学说课

六、任劳任怨

学校申报示范校之初，身兼数职的我欣然接受了国家示范校数字化资源共建共享《数控技术应用》和《焊接技术应用》项目分课题《机械制图》两项任务。我不但没有抱怨，为了能将此项工作做好，我与职教中心负责人共商教学设计模版、课件制作样章、资源呈现形式等材料。由于我的设计思想新颖及材料准备完备，在数控技术应用专业《机械识图》子课题培训会议上作了典型经验介绍。在焊接技术资源共建过程中，我毫无保留地将自己精品课程中的资源共享给其他参研人员，为他们打开了思路，使《机械制图》分课题的资源更快更好地得以完善。

为了提高自己的写作能力，我将自己所参与的所有的活动都图文并茂地写成信息，并编辑成册（图9）。长期的积累，为我主持教研课题做好了铺垫。之后，我主持、参与了5个课题的研究开发。

图9 《名师成长录》封面及主持参研的课题征书

七、细致认真

在班级管理上，我充分利用自己制图的特长，拥有自己的一套管理班级的方法，特色立班，相片袋、班级文化、学生成长档案、精细化管理等等各方面细心摸索，仔细研究，成为自己的特色。我所带的班级多次被评为胶南市先进班集体、青岛市先进班集体。我也多次被评为校优秀班主任、校十佳班主任；2013年被评为全国百佳班主任。

菜鸟不菜，因为我以自己的特长为切入点，抓住一切机会锻炼自己，让自己在教育教学中不断成长壮大，成为精品课程主持人，成为教材主编，成为学科带头人，成为优秀教师，成为教学能手。让我由一个菜鸟一步步成长为名师。

人不怕找不到目标，就怕没有目标。在教学中我认准了机械制图这个目标，努力奋进，斩获了教学中的累累硕果。作为制图教师的我，相信会是制图教学中的一块"砖"！

路漫漫　其修远

——我的成长足迹

青岛市市南区实验小学　杨　越

年少时读《离骚》，不太能解其中的深意。踏上工作岗位，回首二十多年的教育之路，方才对屈原的那句"路漫漫其修远兮，吾将上下而求索"有所顿悟。

一、小小梦想，牵引成长

每个年轻人的心中都有梦，对于1999年刚刚踏上工作岗位的我来说，虽然教育教学经验不足，却心怀站稳讲台之梦——梦想有一天，自己能从容不迫、游刃有余地驾驭课堂。

这要从即将毕业时观摩的一堂名师课说起。当时，青岛师范附小（现青岛五十三中）的纪红老师给青大师院英语专业的学生上了一节小学英语示范课。纪老师传神的简笔画、优美的英文书写、地道清晰的口语发音、生动有趣的师生互动以及和谐愉悦的课堂氛围，让我感受到了一位优秀英语教师的课堂魅力，我暗暗对自己说：我，也要成为这样的老师！

工作的第一年，还记得那是一个极为寒冷的冬日，作为新教师的我，被学校安排去参加市级英语教研活动。在青岛市原四方区的教研室礼堂里，我领略到了一众市级英语名师的风采。至今，她们自信投入、挥洒自如的样子还深深地烙印在我的脑海，她们在台上与课堂融为一体、与学生共同沉浸的情景还历历在目。这次观摩经历，让我这只"菜鸟"大开眼界！我由衷地羡慕她们，更是心生向往，多么希望自己有一天也能成为她们的样子。小小的梦想种子，从此埋下。

这粒梦想的小种子，牵引着我成长的脚步。此后的五年间，我在新教师汇报课中荣获优秀奖，被评为新教师培训优秀学员，获得市南区教学技能大赛一等奖，先后出区级研究课、公开课。工作的第五年，我成为一名骨干教师，荣获了区级英语教学能手的称号。

二、琢玉成器，磨砺成锋

"玉不琢，不成器。"我的第二个五年是在被"雕琢"和"磨砺"中度过的。这个时期，我被"撵着""逼着"读了很多书，也被鼓励着、鞭策着出了不少课。

2005年，学校在青岛市教育科学"十一五"规划课题的引领下，全面推进教师读书工程。每周，校本研修的固定节目就是阅读分享、好书推介，全体教师要轮值发言。与读书相关的培训活动也很丰富且富有挑战性，参与式的研修方式不但要求每人都要发言、每次发言都要言之有物，大家还要做好随时被"递话筒"的准备。此外，每月提交的读书感悟都要经得起百度查重的核验，抄袭和拷贝的结果是：不但要重写，还要被分管领导进行"诚信"约谈。那段时间的阅读学习过程确实令人紧张，却也让认真投入的我，在压力的驱动下不断摸高、快速成长。

这一时期，也是我的课堂教学迅速发展和提升的重要阶段。当时，我休完产假复工，作为观众观摩了区域组织的市级优质课选拔。台上的候选人年轻且充满活力，她们前沿的教学理念、新颖的教学设计，让我深感自身的差距。选拔活动结束后，英语教研员杨蔚老师径直走到观众席前，向我们介绍了选手们的个人风格、教学特点，点评了她们的课堂教学情况，指导我们深入地理解授课教师的教学意图。最后，她还特别鼓励我们："老师们，这一轮站在台上的是她们，下一轮，我希望站在台上的是你们！"坐在台下的我，自知与台上的选手们差距很大，却还是备受鼓舞。

第二个五年，在鼓励和鞭策中，我收获了区级优质课一等奖、市级优质课二等奖，先后出市区两级公研课，成为市南区第一批兼职教研员，担任了市南区学科中心组成员，顺利地迈进市南区优秀英语教师的队伍。

三、千里之行，始于足下

"学而不思则罔，思而不学则殆。"在自己逐渐站稳讲台、慢慢向成熟教师过渡的这段时间，我逐渐意识到自己的不足。比如：课堂教学不够大气、教学风格不够鲜明，阅读积累主动性不强，学习反思不足，学科观念过重，课程意识薄弱等等。带着对自己发展瓶颈的清醒认识和强烈的成长愿望，我开始梳理、明晰自己的发展目标：除了课堂教学能力的提升，应当关注自己教育教学能力的全面发展。我知道，除了研究好教材、研究好学生、研究好课堂之外，教师在课程研发、家校沟通、团队协作、理论水平等方面的提升也非常重要。有了目标和定位，我着手规划自己的专业成长，开始主动塑造和打磨自己，一步一个脚印地走在教育修行的路上。

1. 精研课堂

我不单注重学习和研究其他名师的课堂，也尝试打破自己的固有模式。我默默给自己提出了要求：不能墨守成规、因循守旧，不能照搬硬套、盲目跟从。别人上过的优质课、公开课，自己再上时，一定要有个人的思考展现与风格再造。我特别认同语文特级教师于漪老师的一番话："教学参考书毕竟是别人的劳动，只有自己的劳动所得才是带着生活露水的鲜花，是你自己的心得，学生才容易和你交融。教出自己个性的时候，才是学生收获最大的时候。因为，教育事业是创造性的事业。"持续学习、深入钻研也为我带来了新的发展和提升：有幸蝉联市南区优质课一等奖，先后出青岛市公开课、青岛市名师开放课、青岛市城乡交流课。

2. 坚持反思

美国学者波斯纳提出了教师的成长规律，即经验 + 反思 = 成长。对教师而言，没有反思就没有主动发展，没有高质量的反思，就没有可持续发展的动力。正所谓，思之则活，思活则深，思深则透，思透则新，思新则进！我主动将自己的教学实践和反思行动撰写成文，在市、区级研讨活动中进行经验分享，锻炼自己的口头和书面表达能力。我努力提升自己的信息技术水平，坚持做高质量有创意的课件，自己的原创课件获得了青岛市课件制作二等奖、市南区一等奖，课件设计发表于省级期刊《基础教育研究》。坚持反思、笔耕不辍还带给我更多的收获：多篇教学设计获国家、省、市级奖项，自己撰写的论文和校本课程案例以及参与编写的《单元双测》相继发表、出版。

3. 关注沟通

这一时期，我也意识到家校共育的重要性，开始将学习和研究的视野投向家校沟通。那些年，家里关于教育心理、家庭教育的书籍从两三本，增至四五十本。《教育漫话》《人的教育》《童年的秘密》《我们需要了解孩子》《好妈妈胜过好老师》《孩子，把你的手给我》等关于教育、沟通、成长的书籍，总是出现在我的床前案头。每次家长会前，我总是精心准备，会根据任教年级的学生特点和实际情况确定沟通的话题。我从不局限于英语教学，常常会根据学生的成长阶段、家长的教育困惑，进行理念分享、故事启迪，为学生和家长问诊把脉、答疑解惑。意想不到的是，在问卷调研中，家长们普遍反映，我的家长会分享带给他们很多指导和帮助、启示与思考。为此，校长还让我这个学科教师，给包括班主任在内的全体教师，分享开家长会的经验。

4. 追求卓越

工作中，我凡事要求自己要做到最好。2011年夏天，全省开启了暑期集中远程研修工作。正值假期，酷暑难耐，参加研修的老师心态各异，多数老师严肃认真，其中也不乏存在应付、抵触心理的。我是其中认真的一个，对研修工作有自己的认识和要求：既然花上时间和精力，就得有点意义和价值。我不会为了完成任务而采取挂机跑流量的方式，总是认真地完成每一次评论和论述。省教育厅教师培训中心为了激发教师的研修热情，每天都通过"研修简报"展示优秀作业和研修成果。由于自己的作业质量还不错，每天都能被指导教师选为优秀作业，推荐刊登在简报上。我们学校采用积分评价制，对"优秀作业""刊登见报"都给予积分奖励，那些日子我每天都是第一名。后来，因为作业质量高还闹出了状况。有位老师拷贝了我的作业，结果被省里的简报选登了。当时，看到我的作业被抄袭人署作者名，心里真是又气又喜。"气"的是，自己的劳动成果被他人剽窃，充分体会到著作权法的重要性。"喜"的是，自己的作业不仅被抄袭人认可，也被这位推荐的指导教师以及省里的专家们认可，感受到了被承认的满足感。当然，后来经过区、市、省各级申诉，终于给真正的作者正名了。直到现在，每每想起这段经历，总是不觉莞尔。

5. 再求突破

苏格拉底说："认识你自己。"2012年，当我从游刃有余的教师岗位迈向中层管理岗位时，角色的转换让我又一次将目光投向自己，认真审视和思考自己的当下与未来。我知道，一个优秀的中层管理者，是引领老师业务提升、专业发展的"领路人"，是解决老师的困难和问题、听取他们意见和建议的"服务员"，是上传下达、沟通落实学校各项工作的"协调员"，更是处理千头万绪、繁杂琐碎管理事务的"管理员"。那时候，我一边抓紧自己毕业年级的英语教学工作不放松，一边学习和适应教学管理的各种要求。家人和同事的不理解，一度让我灰心丧气；辛苦和忙碌导致的身体透支，也一度让我斗志全无。面临困境时，我哭过鼻子也掉过眼泪，但从未打过"退堂鼓"。在努力坚持和实践反思中，我学会了把握工作的轻重缓急，慢慢掌握了平衡教学与管理的要领，领悟到如何在工作中着眼大局、抓住关键、统筹兼顾、"弹好钢琴"。那段时间，我分管过英语教学、教务管理、学籍、国际交流、信息宣传、德育、体育、宣传等，五年间送走了三届毕业生。我忙碌着，在不断突破自我能力边界的同时，也收获了业务能力、管理经验、教育视野、工作格局、个人发展的多重提升，体会了成长的充实，也积累了一笔笔宝贵的成长财富。

四、赋能蓄力，立体发展

1."学然后知不足，教然后知困"

2016年，伴随着市南区"五格三全"系列培训活动，我连续两期参加了"学科带头人"班培训；2021年，我有幸入选青岛市第四期名师培养工程，同时成为青岛市第十五期科研访学站学员。这些高端研修活动，让我有机会接触更加优质的培训课程，体验更为多元的学习方式，结识更多优秀的专家同伴。这些培训历程，为我的成长注入了源源不断的动力，进一步夯实了我的成长基础，也帮助我获得更加立体、更加全面的成长。

2. 阅读添智慧

我先后阅读了十余本前沿书籍——《特级教师专业特征及成长规律》《关键在问》《引导——团队群策群力的实践指南》《大教学论 教学法解析》等。阅读学习这些教育名著和基础理论书籍，提升了我的师德境界、增添了我的育人智慧、扩展了我的教育视野，让我能够比较从容地完成书面表达，即兴地进行研讨发言和观点分享，让我拥有了满满的专业自信和职业幸福感！

3. 同伴携相远

在第四个五年里，我与学科带头人们一起，在引导工具、焦点讨论、心理学、脑科学的帮助下，以体验的方式参与培训，从学习者的视角体会培训者的出发点、落脚点与归宿点；我与科研站的站友们一起，走进教育现场，分享阅读感悟，开展深度研讨，进行课堂观察；我与市域的名师培养人选们一起，阅读、学习、写作、反思，持续攀登个人专业发展的新高地。同伴们的偕行与帮助，点燃了我的学习热情，给予我坚持的力量，让我面向未来、笃行致远。

4. 科研助成长

科研一直是我成长的短板，但高质量的教师专业成长必定离不开教育科研。这一时期，我不断在科研的领域探索与前进。科研培训让我终于能够与教育科研"零距离"，课题申报让我有了对科研的"初体验"，立项开题、研究实施、结题论证、成果答辩等活动，让我"一路走来一路歌"。这五年，我收获了科研领域的诸多成长：主持市级"十三五"规划课题研究及结题，参与多项省、市级规划课题申报、立项、研究及结题；作为主要参与人，获青岛市优秀教学成果一等奖一项；指导学校教师成功立项青岛市规划课题、青岛市教育学会课题、市南区规划课题十五项；指导学校三项教学法成果获区级优秀教学法。

二十年的教育生涯，让我的教育之梦生根发芽，枝繁叶茂，持续茁壮。一次次风雨、一段段磨砺，让我在重重困难的洗礼中，与成长不期而遇，计我在奋力向上的生长中，迎接生命的丰盈与美好！教育人生虽已过半，教育梦想却仍然清晰，我仿佛又站在了新的起点上。征途漫漫，惟有奋斗，我将心怀初心，逐梦远行。

以梦为马　砥砺前行

——一名一线信息技术教师的成长之路

胶州市第四实验小学　朱海涛

　　"安守本分，超越自我"，这是我从1999年走出师范校门时就不断告诫自己的一句话。一路走来，我始终坚守着自己的信条，不断磨砺自己，以"甘于淡泊，乐于奉献"的心态扎根于一线，以"坚持学习，共享创新"的工作砥砺前行，用行动和成绩向人们诠释着教育的美好境界。

　　参加工作23年来，我取得了一定的成绩，但那一张张盖着朱红印章的证书却略显单薄，并不能如实反映出我一路走来的付出与艰辛。任何成功无论看起来多么光彩夺目，其背后都有着难以言表的酸甜苦辣。

一、找准方向　时刻保持旺盛的成长力

　　人生重要的是方向，而不是速度。在我们自身的成长过程中，要把握好自己前行的方向，认准目标，坚定地走下去。

　　1999年，我被分配到胶州市一所偏远的乡村小学，交通不便，办公条件极其艰苦。我没有抱怨，把这当作了锻炼自己的机会。我利用各种途径，一直坚持新技术和新理念的输入，保持旺盛的成长力。除了完成班主任、课堂教学等工作外，我业余时间自学电脑知识，主动承担了学校的微机课教学及电教工作。虽然那个时候用电脑办公还是个稀罕物，却让我向着教育信息化专业道路迈开了坚实的第一步。

　　就这样，几乎每个夜晚，我独自坐在"冬冷夏热"的微机室里，用仅有的一台服务器电脑如饥似渴地学习着。课件制作、办公软件技巧、网站建设……

慢慢地，我制作的课件开始在各级比赛中获奖，也得到了周围老师和领导的认可。

后来因为工作调整，我"进了城"，成为一名专职的信息技术教师。环境变了，条件好了，学生的期盼和领导的诉求也高了，无形中给了我不少压力。但正是这种压力化作了我持续成长的动力。除了教学工作之外，我业余时间刻苦钻研，通过向前辈请教、购买书籍自学等方式，不断提高自己的信息技术水平，锤炼出了过硬的基本功，也使学校的信息技术教学工作得以蓬勃发展。2007年开始，我先后参加胶州市、青岛市中小学信息技术教师基本功比武获得第一名，2009年代表青岛市参加山东省基本功比武获得一等奖。

任何付出终有回报。2010年，我自行设计制作的学校网站被评为山东省优秀网站，成为全省40个获奖网站中唯一的一个小学网站。连续十余次在省市乃至全国各级课件、微课竞赛、网站评选中获奖。近几年先后于2018年获得全国NOC大赛二等奖；2019年获全国教师素养提升论文评选一等奖、第二届全国中小学教育装备新技术应用创新案例一等奖；2021年获全国NOC大赛深度融合优质课成果奖；2021年获山东省青年教师人工智能教育教学基本功交流展示活动优秀课例等。课余时间我独自采、编、排的校报《和乐校园报》从无到有，获得了领导的好评，并多次在全国校报校刊评选大赛中获奖。

二、合作共享　融入教育工作中去

技术的进步和荣誉的获得让我实实在在地感受到了一名教师的职业成就感。我也逐渐认识到，个人发展得再好，其影响力仍然是微乎其微的，具有无法弥补的局限性，只有带动周围的人发展才是一名有抱负、有格局的教师应该做的。

2008年开始，我在学校网站建设方面开展了新探索，在市教体局的统一安排下，6年内帮助12所农村小学建立了网站。所帮助的学校网站全部获得过胶州市级以上优秀教育网站荣誉称号。

课堂上，我注重指导学生通过"项目式学习""合作学习"来提升信息化素养和创新思维，辅导的学生年年在各级竞赛中获奖。

不仅如此，我还通过专题讲座、编程协作体等形式，毫无保留地把自己的经验、方法向全市信息技术教师分享。为了寻求再提升、多引领，我先后主持市级课题《小学图形化编程与C++衔接的研究》、省级课题《定格动画的课堂教学模式研究》并顺利结题。在课题的引领下，青年教师科研热情高涨，业务水平迅速提高。

三、开阔眼界　不断超越过去的自己

近几年来，教育信息化的热潮席卷而来，为了跟上时代的脚步，我没有仅仅局限于专业技术的提升，而是把目光放在了更高更远的教育理论和核心素养上。

业余时间，我坚持读书写作，研究教育理论，撰写教育论文。参加工作至今，先后在各级教育媒体上发表新闻稿件500余篇；在《金胶州》《青岛日报·副刊》《中国教师报》等报纸发表散文20余篇；在《中国信息技术教育》《陕西教育》《教学月刊》《甘肃教育》等核心刊物发表论文十余篇，为学校的宣传做出了应有的贡献，也极大地提升了自己的文学素养和理论素养。

为了加速推广研究成果，我创建了自己的个人微信公众号——"齐鲁名师"，以"一半技术，一半文学"为宗旨，设立了"原创文学""家庭教育""技术文章"等几个板块，目前已发表原创文章近300篇。在2020年疫情肆虐期间，我及时发布关于线上教与学技巧的文章，帮助广大师生顺利实现了网课的衔接过渡，受到了上级主管部门的好评。借助微信公众号这个开放的平台，我有了更多分享自己经验的机会，也因为出色的专业技能而被评为胶州市首批"首席信息官"。

四、支教甘肃　助力东西部教育协作

作为"青岛——定西东西部协作"的重要一环，教育从来都是走在最前面。

2021年9月至12月，我怀着一颗朴素的初心，远赴甘肃通渭县开展东西部协作支教工作。身为名师，我没有仅仅局限于上级分配的任务，而是主动作为，为实现两地优质教育资源共享，促进通渭县基础教育进一步发展积极发挥引领作用。

除了正常的课堂教学之外，我利用自身信息技术优势，积极开展教育信息

化的相关工作。通过专题讲座、集中培训、现场指导等形式，为学校培训了企业微信、网络会议、在线信息收集等实用的技巧，解决了学校的燃眉之急，迅速提升了当地学校的教育信息化水平。

在通渭县教育局的组织下，我为通渭县语数英骨干教师300余人做了《点亮一盏智慧的心灯 让课题为教育引路》的主题报告，通过三个模块，讲解了为什么做课题研究、如何去实施课题研究、课题研究需要哪些资源等内容，为当地教师提供了一次难得的课题交流机会。

在赴榜罗小学的送课活动中，我为六年级学生带来了一节《抗疫有我——神奇的人工智能》的实践课。我以新冠疫情为大背景，通过设置什么是人工智能、怎样实现人工智能、人工智能可以为我们干什么等问题激发学生学习人工智能的兴趣，引发学生思考，为西部的学生带来了一次拓展思维、开阔眼界的机会。

东西部协作支教，形式上是支教，但本质上还是通过支教老师架起沟通的桥梁，通过这个"桥梁"来进行协作，相互交流。为此我们成立了临时党支部，不断汇聚和传递正能量。在党的引领下，我积极协调两地学校，组织原学校的学生为支教学校捐赠图书3000余册，极大地缓解了支教学校图书短缺的问题，受到了两地领导的好评，本人也获评定西市"东西部协作帮扶"先进个人的称号。

荣誉代表过去，工作超越未来。身为名师，我们承担的不仅仅是一个荣誉称号，更是一份沉甸甸的责任。一路走来，尽管充满艰辛，但我始终保持着一颗向上的心。我也时时转身看看过去，抬头看看未来，想想自己是不是真正对得起"名师"的称号，做到了一位名副其实的优秀教师，而不是"有名"的教师。从我们的职业上来说，好的教育就是要把人生命里那种积极向上的东西激发出来，示人美好，授人希望，让人获得一种心灵的巨大推力，一种伴随终身的成长力，一种保持不断前行的原动力，无关贫穷与富裕。

成功没有捷径，大路只在脚下。今后，我将继续怀着教育家的情怀，扎根一线，不断加强学习，博采众长，跨界发展，用爱心唤醒学生的心灵，用创新启发学生的心智。把自己的教育梦化为实实在在的驱动力，为教育信息化奉献自己的力量！让教育的光芒和希望永远闪耀！

教育故事

教育是长期的、持久的对话，师生对话，师师对话，生生对话，自己和自己对话，自己和成长对话，自己和时代对话，个体生命和浩瀚宇宙对话……海纳百川，有容乃大，道德教育的内涵深刻，途径丰富，一位好教师，一位名师，不仅是人类文化科学知识的传播者，还是学生人生道路的导航者，更是自身修行进化的践行者。教师与学生朝夕相处，是学生的一面镜子，其思想品德和言行举止都在潜移默化中影响着学生，也在与学生的交流中不断反观到自身的形象。

用爱做一把钥匙　打开心灵之门

胶州市初级实验中学　白淑芝

　　青春发育期是人生至关重要的时期，是人长身体、长知识的黄金时期，是生理和心理迅速发展变化的时期。正处于青春发育期的学生，也是处于心理逐渐成熟而不健全的危险期，具有很明显的不稳定性。在这阶段，作为老师尤其是班主任，如能有目的、有计划地开展心理健康教育，对学生进行正确的引导，学生的心理便有机会进入健康而稳定的发展时期。对待学生青春期心理问题，我们既不能放任自流、不管不问，也不能急于求成、犯急躁毛病，应当及时采取措施，予以疏导，下面我将就自己曾处理过的一个典型案例谈谈我的认识和体会。

一、典型案例背景

　　涵，男，15岁，智力较好，史地生成绩较好，其他科目成绩一般，尤其是数学成绩最差。性格倔强，个性刚硬，自尊心特强，逆反心理十分严重。经常顶撞家长老师，对家长和老师有很强的抵触情绪，每当老师批评他时，他直盯着老师，一副不服气的样子，甚至和老师顶嘴；课堂、自习课上故意说话，做小动作，扰乱课堂纪律，班长、课代表管他，他就狡辩不承认，并在课后威胁班干部，故意损坏他们的物品，以示报复；作业抄袭或者不做；在宿舍不按时午晚休；乱嚼舌根，爱管闲事，"唯恐天下不乱"，惹得邻班的同学意见也很大。找他谈话，他也是听过了算了，回到教室一如往常，令家长和老师十分头疼。

二、案例分析

　　初中的孩子正处于青春期，处于成长的过渡阶段。孩子进入青春期后，以前听话的乖乖女、乖乖儿不知怎么就变得像头"牵着不走，打着倒退"的"犟驴"了。正处青春期的学生独立意识和自我意识日益增强，迫切希望摆脱家长和老师的监护，反对成人把自己当成小孩，往往以成人自居。并因为感到或担心外界忽视了自己的独立存在，产生叛逆心理，用各种手段、方法来确立"自我"与外界的平等地位。叛逆心理往往使孩子像浑身长满刺的刺猬。同时，为了表现自己的与众不同，青春期学生常对事情持批判否定的态度。久而久之，对父母的苦口婆心、教师的教育乃至所有的言行都持否定的态度，往往把家长和老师的批评和帮助理解为与自己过不去，是在伤害自己，表现出严重的敌对倾向，形成叛逆行为，使教育达不到预期的效果。

涵的叛逆行为是学生进入成长过渡期的一种典型表现，分析其原因主要有三个：

一是初中学生特殊的年龄特点，孩子自身的发展变化。青春期生理心理的变化，第二性征的出现对他们的心理产生重大的影响。他们面对自身的变化常常感到不知所措，从而产生了浮躁心态和对抗情绪，视与家长、老师对着干为勇敢，是一种英雄行为，盲目反抗，拒绝一切批评。

二是家庭教育方式不当。涵的父亲忙于生意且脾气暴躁，遇到问题只会简单粗暴地处理，要么斥责、谩骂，要么拳打脚踢。涵的母亲以袒护为主，认为孩子还小，大了就会懂事，出了问题能瞒则瞒。在孩子的教育问题上，二人的理念和方式常常不一致，并互相埋怨。

三是青少年如今面临的各种压力和情绪。学习压力、交往压力以及生活中的无聊情绪影响等，也是叛逆心理产生的重要诱因。

三、解决措施

（一）家校联手，积极沟通，促进孩子健康成长

我通过电话联系、微信聊天、家长到校面谈等多种方式，与家长共同探讨孩子表现和心理方面出现的问题，同时指出家长教育方式的不合理之处。建议其父母在教育孩子的问题上达成一致，多给孩子温暖，多抽时间与孩子交流，定期检查孩子的作业，帮助孩子一同解决学习中的困难，对孩子的进步给予及时的鼓励，共同做好孩子成长转化工作。

（二）利用课余时间，以朋友身份与学生谈心

为缓解紧张关系，我利用课余时间与涵谈心。为了获得他的信任，我心平气和地以朋友的身份与他进行交流。谈话内容先从父母谈起，让他先说出对父母的看法，然后心平气和地向他分析父亲脾气暴躁的原因，暗示其父亲已经意识到问题所在，并会慢慢改正，让涵从心理上释放怨恨，消除叛逆心理。接着劝涵开展批评与自我批评，用心同父母沟通，经常跟父母说说心里话，缩小与父母的代沟；学会换位思考，抱着宽容的态度，从积极的意义上理解家长、老师；把握自己，经常提醒自己，遇事要先让自己冷静下来，克制住自己烦躁的情绪和倔强心理，虚心接受老师和父母的教育。同时帮助涵树立"我能学好""我能成功"的信念，让他真正感觉到老师在关心他、帮助他、永远不会放弃他，逐渐缓解紧张的师生关系，从根本上消除他的逆反心理，促使其转变。

（三）春风化雨，坚持疏导教育

对待涵，我避免直接批评，不与他发生正面冲突，注意保护他的自尊心，采取以柔克刚的教育方式。当他犯错误时，不当着全班同学的面点他的名字，不盛气凌人地训斥他，多表示一些理解，在与他个别交谈时晓之以理，动之以情，耐心帮助他分清是非，慢慢让他意识到自己的错误，并愿意主动地去改正。

（四）因势利导，扬长避短，帮助其融入班级大家庭

我充分利用涵爱管闲事的"优势"，让他负责班级的卫生角和班里的花花草草。为了"地生"会考成立"地生帮扶小组"，根据他"地生"成绩较好的特点，让他担任组长，使他将大部分心思转移到感兴趣的事情上。即便是点滴进步，也予以他及时、热情的表扬。想方设法创造条件，让他体验到成功的快乐，使他对学习、对生活、对自身逐渐积累信心。老师的信赖、同学的支持使他的态度发生了很大的转变。逐渐融入班级这个大家庭里来了。

（五）经常、持久地给予关爱

涵这种顽固的逆反心理不是一两次说服教育就可消除的，要反复抓，抓反复。我在日常生活中会经常留意观察他的情绪变化，经常与他交流沟通，深入了解他的内心世界，帮助他解决心理上的问题。

四、效果

通过一段时间的努力，涵的逆反心理已逐渐消除，和父母、老师、同学的紧张关系得到缓解。学习比以往认真许多，课堂上捣乱的次数明显减少，自己完成并及时上交作业，在数学课上主动举手回答问题，数学成绩也有所提高。

五、觉察与感悟

学生是有思想、不断发展的个体，教育学生是一项长期而艰巨的工作，是我们教师责无旁贷的事业。我们不能仅仅只停留在学生的学习成绩上，更要关注学生的心理发展，发现问题及时教育、疏导；我们要怀着细心、耐心和爱心，从大处着眼，从小处入手，预设各种教育方案，多花时间与学生交流沟通；从对学生的关怀爱护出发，在彼此理解、信任的融洽氛围中，追根溯源，尊重学生人格，引导学生养成健康、积极的成长心理。

没有谁天生是一块顽石，在每一个学生的内心深处都有一块柔软的地方，只要我们作为班主任的工作做到家，我们定能触摸到这块地方。这块地方就好像是学生的心灵门户，我们应当用爱做一把钥匙，打开心灵之门，与学生进行心与心的交流，帮助他们健康快乐地成长。天道酬勤，只要我们努力，一定会成功。

循循善诱　做学生的知识引导者和心灵导师

青岛西海岸新区董家口小学　程金昌

陶行知曾经说过一句话："千教万教教人求真，千学万学学做真人。"作为一名老师，不仅要传授知识，教授学生学习知识的工具以及方法，还要教导学生学会"做人"，让学生的知识素养和个人品质逐步得到发展和提升。否则，一个不完善的人格，掌握了知识，做一些违法乱纪破坏社会秩序的事情，影响也不好，比如名校学生投毒案。

一、做学生的知识引导者

授人以鱼不如授人以渔，做学生的知识引导者，而不是知识的灌输者。很多时候，教师根据自己的思路呕心沥血整理很多资料让学生去识记、背诵，通过机械性的练习让学生获取知识，但是过一段时间学生就会忘记所学的知识，因为他们并没有通过掌握思维工具的方式去认识所学的知识。

教育的意义在于引导，引导学生的思维发展，构建学生学习的自主性。第一是激发学生的学习主动性，这种主动性必须是内在的，让学生爱上学习，爱上课堂，而不是为了应付教师的任务，因此，保障课堂的质量，激发学生学习的内驱力，对每一个教师来说都是重大而艰巨的任务。

其次，教师要学会"放手"，将学习的主动权交还给每一个学生。自古以来，那些充满智慧的哲学家、科学家与常人不同的优势就在于他们会主动去吸收知识，通过自身的不懈努力、勇于探索世界。优秀的教师在授课时往往会给予学生更多的自主学习机会。比如，当学习语文的时候遇到不认识的字词要自己查字典，了解它的读音、组词、含义等等；学习数学的时候会让他们掌握每一道公式背后的原理，了解它是怎么推算出来的，学生在这个过程中主动学习、自主构建，吸收知识的能力也会大大提高。无论面对什么学习能力的学生，教育者都应该始终以此为原则，让学生掌握学习的方法，改变他们的思维方式，而不是重复而又机械地识记与背诵。

更重要的是，每个学生就如同世界上不尽相同的叶子，教师并不能只用一种方法去引导学生。孔子曰：有教无类。孔子弟子三千，各人性格、才能不尽相同，因此实施因材施教，发挥每个人的优点，针对其缺点进行改进，使得每个弟子逐渐成为优秀的人才。

二、做学生的心灵导师

"师爱"是教育的本质和基础。

教师对学生的关爱和关怀是教师师德的重要体现。在孩子的一生中，接触最多的角色除了父母，就是教师，教师疼爱学生，如每一个父母疼爱他们的孩子一样。古往今来，中国古代有不少尊师重道、尊师爱生的佳话。这些事迹都折射出教师之爱的难能可贵。例如，宋代的理学集大成者朱熹提出师生之间应当有深厚的感情，教师要循循善诱，孜孜不倦，对待学生饱含情谊，才能够尽心尽力地去教导学生。他的学生黄干曾经说，"朱子讲学，通贯古今，虽疾病支离，至诸生问辩，则脱然沉疴之去体，一日不讲学，则惕然常以为忧。"朱子的教学，是对学生尽心尽力的体现，也是师爱的重要体现。《吕氏春秋》中也提到，良好的师生关系应当是"师徒同心"的，当学生感受不到教师的爱时，就会不尊师重道，也就不能够全身心地接纳老师的教学。

在现今的教育教学环境中，要让学生感受到教师的关爱，从心底里敬畏老师，才能够更好地去向老师学习。无论对待什么基础的学生，教师需要一碗水端平。每个学生都是独特的个体，有自身的闪光点，切忌以成绩去衡量学生的优异。龚自珍曾经在他的在诗词中写道："我劝天公重抖擞，不拘一格降人才。"他所说的就是朝廷应当破格招纳人才，不要拘泥于形式。尤其在现代的教育当中，素质教育和学科教育都非常重要，教育者要懂得挖掘学生的闪光点，给予他们指导和支持，帮助学生去发挥自身的特长，使其在音乐、美术、体育、德育方面能够得到充分的发展。教师的爱不能因为学生的民族、身份、学习基础等进行区分，教师的爱应如阳光，平等地撒向每个学子。

三、以身作则，树立优良的典范

教师是学生的心灵导师，要树立良好的榜样，就需要以身作则。教师的榜样作用可以起到无声的教育渗透作用，发挥教师的人格力量。我国著名的教育家张伯苓，曾经创办了南开大学，他十分注重作为教育者的形象以及文明礼貌，用身体力行的方式为学生起到了良好的榜样作用。有一次，张伯苓发现一个学生吸烟，想要劝诫学生戒烟，此时学生反问，那为何您吸烟就没有害处呢？张伯苓此后开始与同学共同戒烟，扔掉了自己心爱的烟袋杆，再也不吸烟。身为教育者，代表的是学生的示范者、引领者，教师要树立榜样从而潜移默化地去影响学生的品格发展，让学生能够从教师的文明礼貌、优良品格中获益。

以身作则，体现在教师的一言一行中，包括教师的教学语言，与学生、家长之间的沟通技巧等。劝诫学生文明用语，教师就不能说脏话或者谩骂他人；劝诫学生要努力上进，教师自身也要不断地学习，充实自身的知识储备；劝诫学生要树立良好的品格，教师就要让学生看到教师的言行举止，从教师身上学习如何做一名品格优秀的学生。

四、锻造学生健康的心理品质

在现代的教育进程当中，学生的心理健康是相当重要的，无论是中小学还是大学，心理不健全的人对于社会潜在的威胁是极大的。如今的学生面临的学业压力、生活压力很大，教师在教授学生的时候要密切关注学生的心理健康发展并且及时给予学生指导，帮助学生克服心理障碍，与学生共同成长、共同进步。

培养学生的自信心，帮助学生认识自身的闪光点，广告也曾提到过"有信心未必会赢，但是没有信心就一定会输"。特别是对待一些学困生，教师要从学生的基础出发，帮助学生从自身的基础去提升，对待学生的进步给予及时的肯定。学生上课认真听讲，可以肯定他的努力和专心；学生乐于助人，可以赞扬他热心的优良品质；学生热爱阅读，可以肯定他博学的态度和精神……教师就像是一名淘金者一样，不断地去挖掘学生身上的闪光点并且帮助他们扬长避短，建立信心，学会自尊自爱。

　　培养学生的进取心。在漫长的学习生涯中，学生如果缺乏进取心，不在意自身的学习情况，就会逐渐偏离学习轨道，成绩也会退步，所以，教师要让学生在建立自信心的基础上增强进取心，争取一步一个脚印地通过付出获得一定的进步。俗话说，只有懒学生，没有差学生，培养学生独立自主的品格，引导他们积极向上，是教师的重要课题。

　　培养学生承受挫折的能力，坚持不懈地锤炼学生的坚毅品格。世上无难事，只要肯攀登。诺贝尔为了研究炸药，试验了上百次，弟弟和爸爸在爆炸中遇难，他依然没有放弃，为了研究炸药投入了自己的整个生命；海伦·凯勒失去了光明后依然努力跟随老师学习语言，在黑暗的世界中寻找能够与他人沟通的桥梁，最终考上了美国哈佛大学并且成为一位知识渊博的学者，改变了自身的命运。人生中遇到的困难总是很多，不经历风雨，怎能见彩虹？每个学生在成长的过程中都需要具备面对困难和挫折的勇气，挫折并不可怕，向挫折屈服才可怕。学生的成绩退步了，教师应当引导学生正视错误，合理地利用错误资源，争取从错误中学习；学生在人际交往中遇到了困惑，教师可以从中协调，帮助学生正确地处理人际关系，营造互帮互助的班级氛围；学生遇到难题，教师要善于引导学生运用自己的力量去解决……教师教导学生，要引领他们前行，教会学生如何去面对困难和挫折，让学生能够在挫折中吸收必要的养分，得到锤炼和提升，而不是在反复的错误中停步不前。

　　每个教育者都怀揣着对学生的关爱和教育理想从事教育事业，教师不仅是传道授业解惑的引领者，同样也是浸润学生心灵的导师。无论如何，教育者都应当始终秉持着教育热情，在关爱和关怀中给予学生最大的鼓舞和力量，尊重学生的差异，发现学生的闪光点，通过建立学生的自信心、良好的抗挫折能力以及强大的心理素质，使得学生的心理得到健全健康发展，让每一个教育者播下的种子都能够在长期的耕耘中茁壮成长，变成独一无二的树。

年轻，就是资本

青岛西海岸新区致远中学　傅　蕾

　　今天，我要表达的主题是"年轻，就是资本"。工作十五年，给我留下深刻印象的主要有三个班级，这三个班级各有各的特点，在管理这三个班级的过程中，我也收获了很多经验和教训。下面，我主要结合自己管理这三个班级的经历总结一些体会。

一、二十七班，是试验品

　　在这里，我学会以欣赏的眼光看待学生，慢慢走入学生内心。

　　每天，我都早起去检查学生宿舍，可这些衣来伸手、饭来张口的学生总是匆匆忙忙把被子卷起来就走人，我在班级中强调过多次，却没有什么成效。有一个男生气急败坏地对我说："老师，我已经尽最大努力了。"我一看，他的床单斜放在褥子上，根本没照我说的去做，刚想生气，可理智又让我亲手帮他整理。我忍着臭袜子的气味，帮他把床褥铺平，把被子方方正正地放在床头，全宿舍的同学都为我热烈鼓掌。第二天，我踌躇满志地到宿舍检查，心想他们肯定会把宿舍整理好，可映入眼帘的仍然是被子堆在床头、衣服随处乱挂、脸盆横在走廊……我疯了一样地闯进宿舍，把脸盆踢开，把衣服扯下来扔到窗外。可当我还沉浸在惩罚学生的爽快感觉中时，我从周记中发现这样一句话："长这么大头一次洗衣服，可用了五六遍洗衣粉才洗干净的第一件衣服却被班主任无情地扔到了窗外的泥地上……"我突然感觉自己像一条毒蛇，吐着毒芯张狂地吸食学生的心血，无情地摧残学生脆弱的自尊心。我真诚地再一次走进宿舍，原来他们的被子是叠过的，虽然没叠平，但不再是随便一堆，地面是扫过的，虽然没扫净，但不再是一地垃圾……从此以后，我在班会上把严厉的批评变成对他们细小进步的欣赏，学生也倍受鼓舞，每天尽自己的最大努力去做，有时还把我拉到宿舍参观他们的成果，等到出来时，他们都争先恐后地往我口袋里塞大枣，塞葡萄，塞苹果。望着这些晶莹剔透，渗透着爱的果实，我下定决心要撒播更多爱的种子，让爱的种子持之以恒地在平凡而琐碎的工作中生根、成长、发芽。

二、六班，是作品

在这里，我学会以商量的语气面对学生，慢慢取得学生的认可。

班里有个学生不认真学习，还经常违反学校纪律，想想他父亲那沧桑的面容，那期待的目光，我把他狠狠地训了一顿，可他回到宿舍后却说"我们班都这么好了，班主任为什么还管得这么严""我们班每次都考第一，班主任肯定会发很多奖金吧"……我听后非常生气，委屈地一个人在被窝里哭，也想了很多办法惩罚他，但一份"老师的责任"又劝我平心静气地找他谈话，对他提出的各种疑问进行了真诚的回答。他恍然大悟地哭着对我说："老师，我误会你了。你对我们这么好，可我们都不知道，老师，你快使劲跟我们说说你的好吧……"

至此，我才真正认识到：我们的学生只是一群在温室中长大的花朵，他们习惯了别人为自己付出，觉得别人为自己付出是理所当然的，他们并不懂得用心去体会爱，更没有用自己的行动去回报爱的责任感。我抓住这次机会召开班会，对全班同学说："我对大家好，希望大家能知道。同时，我对大家的爱不是无私的，是要回报的，我要的回报不是金钱，而是大家的进步。因为老师也是有感情的人，老师也需要用你们的进步来鼓励自己继续努力。"学生好像突然意识到老师也是和他们一样需要关心、需要爱的人。慢慢地，他们知道自觉地做应该做的事，习惯性地把班级的事情当成自己的责任。有时我也会跟学生说说我处理班级问题的想法，引导他们站在老师的角度上考虑问题。一次课间，学生听说我要讲交流课，便赶紧把黑板用湿抹布擦净，打开窗户借助风把黑板快速吹干；还有一次，我发现学生下课都自觉地走走廊的左边，一问，原来是打扫卫生的阿姨刚刚把右边擦干净……

他们已经慢慢地学会体贴，学会感恩，学会承担自己的责任。此时此刻，我不知道是我感动了他们，还是他们感动了我。我不是一个容易被感动的人，但我忘不了自己忍饥挨饿细心给学生改作文，他们看一眼后随手扔掉的心酸；忘不了自己苦口婆心，鼓励加示范，他们仍然无动于衷，我行我素时的无奈；忘不了他们争先恐后往我口袋里塞水果，为我唱《感恩的心》时的欢乐；忘不了生日那天，他们把亲手叠的纸鹤夹在我的课本里，关灯为我唱《生日歌》时的幸福……这就是我平凡而琐碎的工作，但在这里我深深地体会到以平等的姿态教育学生的好处。

三、十班，希望是精品

在这里，我学会以丰富的情感增强班级的凝聚力，以丰厚的资源，优势互补，提高每位同学的实力。

跟十班学生相处的时候，我总有一种患得患失的感觉，害怕失去他们。他们太优秀了，总是能在学习方法、处世方式、感情流露等方面给我出乎意外的惊喜，我从他们身上得到很多收获。为了使这种收获在班级内扩散，我在班级里提出两个口号："把年轻变成无限的资本""和优秀的人在一起，自己也会变得很优秀"。我提倡学生在高中三年里，尽量多地把别人的优点变成自己的优点，在十班把自己修炼得尽善尽美。

为此，我专门给学生设计了竞争表，上面有竞争对手的姓名、竞争对手的优点以及自己的优点，然后贴在教室展览，这样，不仅能了解自己眼中的"我"和别人眼中的"我"，自己眼中的"别人"和别人眼中的"别人"，做到"知己知彼"，还能督促学生在保持住自己优势的前提下，学习别人的优点。

有时，我感觉自己的思想与学生的差距太大，我的很多传统思想已不符合他们的胃口，所以我就发动学生互相"喂食"，用优秀的90后思想劝说懒惰的思想。每个长假放假前，我都让学生提前写假期计划，选出其中思路比较清晰、内容比较细致、可操作性较强的读给全班听，要求其他同学取别人的长处来修改自己的计划；假期回来后，我再让学生写假期收获，选出时间利用比较充分、内容比较充实、思想收获比较深刻的读，用这些身边鲜活的事例让其他同学心服口服地认识自己的差距。有时，有的同学在学习中普遍遇到什么难题，我也会让学生各显神通，写出他们的解决办法，然后读给大家，供大家借鉴。当然，这一切的实施有一个所有学生都清楚的前提：十班是相亲相爱的一家人，自私自利在十班是没有容身之处的。一般情况下，对于这些计划、总结等写得比较真诚的同学，我会利用各种机会给他们奖励。

高中生的感情比较丰富，特别是文科班女生，感情非常细腻，再加上高三变幻无常的考试成绩，学生敏感的心灵经常受到突如其来的冲击，所以在整个高三过程中我特别注重对学生的情感教育。我自己也是一个比较感性的人，工作时间久了、累了、烦了的时候我就看看电影，读读文章，搜搜博客，从中获得点感动，掉几滴眼泪，然后就像加上润滑油似的，又可以精力充沛、精神百倍地继续工作。因为我与他们的年龄差距较小，所以，我把自己的这种感受也应用到了学生身上。有时听了比较感人的周一国旗下讲话，或听了学生比较动情的课前二分钟演讲，我都会让学生顺便谈谈感想，自己也跟他们一块发表感言；有时，利用周末，给学生播放《动物世界》和《士兵突击》中的片段，培养学生的竞争意识、坚强毅力；播放《太行山上》《东京审判》《背起爸爸上学去》中的片段，培养学生的爱国意识、集体意识、责任意识。

除此之外，为了丰富生活，培养情操，我还经常组织各种文体活动。一次批改学生周记时，我发现，有几个学生很重视自己的十八岁生日，觉得过了十八岁，就长大了，就应该承担责任了。我抓住这个心理，要求学生写《十八岁感言》，然后挑出写得比较感人、内容比较充实的在班会、家长会上读给学生、家长听。这样，不仅引起全班同学的共鸣，让全班同学都学习他感恩的心，增强责任意识，还提供了一次与家长交流的机会，让家长了解孩子，让孩子在家长面前说出心声。后来，为了缓和高中的紧张，我还在教室里给学生召开简单的十分钟十八岁生日聚会，让同宿舍同学策划活动流程，学生各显神通，策划出煽情版、搞笑版、臭人版等各种形式的聚会，其中还有赠送手制礼物、寿星感言、同学祝福等各种流程。我记得当时全易宁的生日感言是这样说的："以前总害怕长大，害怕享受不到小孩子一样的快乐，但今天，看到这一幕幕温馨的场面，我忽然觉得长大并不可怕，因为在以后的人生道路中不管遇到什么困难，我身后总会有高二十班56名同学在支持我。"潘婷上讲台发表感言的时候大声问了两个问题："十班的开心果是谁？""十班表演实力最强的是谁？"当全班同学异口同声地说"潘婷"的时候，她激动地流下了眼泪，在全班同学静悄悄地等待她的下一句话时，潘婷哽咽了好大一会，开口说："谢谢大家，这是大家送给我的最好礼物。"在最后一个十八岁生日上，班长马梦琪总结说："希望每个同学的神圣十八岁生日都能因大家的祝福而更加珍贵。随着一个个生日的远去，我们共同在这个班级里学习、生活的时间也在分分秒秒地减少，但希望我们能把这分分秒秒积累起的感情延续到以后的分分秒秒，等我们进入大学、踏入社会了，再聚在一起好好聊聊'当年的我们'……"

这样的生日聚会不仅缓和了紧张气氛，还增强了同学间的感情，让他们体会到家庭般的温暖和并肩作战的斗志。

有几次活动课，我还举办了跳绳比赛，其中的耐力赛给学生留下了深刻印象。每个宿舍抽出一个学生参加，谁能坚持到最后，谁就是胜利者。跳到最后，参赛的几个同学都没有力气了，但还是一直坚持。开始，周围的同学还在不停地为他们加油，可后来看他们坚持得那么累，都在旁边捏一把汗。我记得当时秦越正好赶上肚子疼，脸上留下的汗把她踩的草地都浸湿了，每跳一次，脚底下都打滑，但她已经丝毫没有挪开那个地方的力气，看她坚持得这么吃力，旁边的薛旭哭着大声喊："舍长，停下吧，停下吧！"但她还是坚持，直到下课铃响了所有的同学才一块停止，秦越宿舍的同学都跑上去紧紧地抱住她哭成了一团。其他围观的同学也被她的耐力、毅力征服了，这次比赛也挖掘出很多同学的耐力、毅力，此后，他们也掀起了学习上的耐力赛，争先恐后地彰显自己的本领，班级内部也形成了空前的凝聚力。即使到了高三，十班被分成两个班级，他们依然相互团结、相互帮助、相互竞争，找到好的材料了就互相传着看，遇到难题了聚到一个班里互相讨论；照毕业照的时候，同学们强烈要求照一张致远文科实验班的合照；高考结束了，两个班也聚在一起举办谢师宴……

回顾到这里，我还要特别感谢在我做班主任工作的这五年里，给我无私帮助的领导，还有所有跟我搭档过的同事们，如果没有你们的帮助，我可能不会成长得这么顺利。

用爱凝聚班级　用心担起责任

山东省青岛第七中学　郭德利

山东省青岛第七中学地处老城区，社区文化层次相对一般，生源状况不甚理想，我多是中途接班，班级前期问题较多。

一、了解之后是理解

2005年9月，我接手初二·1班，这是一个让校长摇头、让老师挠头的班级，学生胸无大志，纪律松懈，不爱学习，尤其是出勤问题非常严重。不久，一个表面看似文静而眼神中满含忧虑的女孩便引起我的注意。经了解，这个叫小艳的同学，母亲从小得了脑瘫，生活不能自理，父亲也因家庭重担早早离世。"穷人的孩子早当家。"小艳不到四岁就开始学着料理家务，照顾妈妈的起居生活。

那天，小艳没有到学校上课。中午，我找到了她的家，经我再三询问，小艳告诉我，由于她的不小心，把刚刚领到手的特困补助弄丢了。说着说着，小艳又忍不住哭了起来。我一边宽慰孩子，一边从口袋里掏出原先准备给儿子买奶粉的300元钱，说了声："先花着，以后有啥困难尽管找我，老师就是你以后的依靠，我会像待自己的孩子一样，关心你，帮助你的……"

为了能及时解决小艳同学的家庭困难，我每天放学，都要先去小艳家看看，帮她料理一下家务，然后才匆匆赶回家去照顾自己的家庭。

我多次召集班委会共同制定帮扶措施，成立专门的活动小组，使小艳同学时时刻刻都能感受到集体的温暖。

全面了解学生的基础上，才能谈及理解学生，进而考虑如何满足学生自我实现的需要，引导学生健康成长。

我以小艳这样家境贫寒而个人又自强不息的同学为突破口，倾注爱心，担起责任，在班里形成浓浓的爱的氛围，吸引学生融入班级的大家庭中。

二、好关系打造好班级

为了统一思想，我向同学们介绍英国的伊顿公学：这所学校是一所曾经走出过17位英国首相的国际名校。伊顿文化靠 "领袖摇篮" 的品牌，倾力培养全英各界的领袖人物，声震全球。

"教育需要一种润物悄无声的从容与漠然，需要一种潜移默化的表率与深入。"我没有期望我的班级同学能成为"领袖"，但我想，我可以帮助他们塑造领袖的风范，锻造精英的品格，陶冶绅士的情操，让他们能从容走过生命成长的四季。

我经常坦诚地跟同学们讲，你们将来不一定都很优秀，但你们一定都要有头脑，有教养，有品位，有爱心，有追求。我身先士卒，严以律己：在学习上，我和同学们共同探讨，一起进步；在班级管理上，我和同学们共同享受权利和义务；在目标和计划上，我和同学们共同确立，认真遵守。同学们很快在各方面认可了我。

班级通过开设"心愿箱""悄悄话""留言袋"等沟通渠道，为师生创设交流的平台。我让学生用写便条、写信、写日记等方式互相传递想法和建议，架起师生沟通的桥梁。如，当学生成功地完成学习任务，或当学生行为得到改善的时候，给予学生适当的鼓励与表扬。当学生遇到疑难困惑时，倾听学生的感受和想法，让学生感受到老师的注目和关爱，从而建立起师生关系平等融洽、师生互相信任的班集体。

学生是班级组织的主体，"好关系打造好班级"，最重要的是打造良好的师生关系、生生关系等。在人本管理的组织架构中，教师与教师、教师与学生、学生与学生等人与人之间的关系构成了各种管理行为的最核心的基础。从班级管理的实践来看，积极和谐的人际关系有利于班级的团结，提升班级的凝聚力和行动力，为满足学生个性化发展需求提供支撑；同时，也更有利于提升班级管理的效率与效果，为班级的发展、学生自身的成长提供更加充足的机会和社会性时间。

班主任的言传身教、主题活动，不断推动着班级师生关系的融洽；精神的交流与连接，推动着班级共同价值观的形成，凝练出班级文化的核心力量，逐步建立起班级的硬件文化、制度文化。

三、激发学生自我实现的需求

我在充分准备的基础上，召开"时间与我"主题班会，组织大家学习伟人珍惜时间而最终成功的事例，让同学查找、辨别身边和自己有哪些行为是在浪费时间、浪费生命，大量的事实和浅显的道理使全班同学受到很大触动。我又趁热打铁，通过家访、个别谈话，把同学们的思想统一到"以懒惰为耻、以勤奋为荣"上来。很快，班级工作有了起色，一些原先被认为"不可救药"的学生也有了转变。为了能够准时到校，他们让家长买了闹钟，放在床头。经过近一个月的"反复抓，抓反复"，在此后的时间里，我班甚至没有一人再迟到、早退。

我利用晨会、班会、集体活动等一切可能利用的机会，培养同学们"自己能干的事自己干"的意识，并通过家长会，家校联系本等方式，请求家长充分尊重和时常听取孩子的意见并将家庭中部分家务活分给孩子干，让孩子把爱心、孝心付诸实践。经过努力，同学们自我教育、自我管理的能力大大提高。当我外出学习或开会不在校时，班干部能积极配合任课老师管理班级，其他同学也能各负其责，各司其政。

马斯洛的需要层次论告诉我们，当人的低层次需求被满足之后，会转而寻求实现更高层次的需要。越是所谓的"差班""差生"，就越有跃上高层次的愿望和需求，有着为实现更高层次的愿望而缊藏着的潜力。作为班主任老师就是要将班级的各项工作与满足学生自我实现的需要这一目标结合起来，在实践工作中激发同学们的积极性和创造性，挖掘同学们内在的潜能，满足他们跃上更高层次的心理需求，激发学生的创新意识和创造力，并将他们的行为引向班级的目标。

每一名学生的思想意识，行为习惯在承担责任的过程中得到成长与发展。在以人为本的指导下，我根据班级的学情，分阶段实施控制型管理、授权型管理、自主型管理、团队型管理模式，促进个体与集体的成长与发展，建立个人与组织间通畅的信息交流方式和渠道，协调个人需要与集体意识的关系，在他们之间建立起共同的目标、合作的意愿，尤其是个人为班级组织做出贡献的意愿，学生真正成为名副其实的班级的主人。

四、激励为成长护航

我结合每个月的工作主题，长年开展争创"七星"活动，即：文明、尊师、艺术、体育、科技、学习、劳动之星，为学生铺设了展示才华、勇于争先的舞台。为了激励更多的同学进步，让大家体味成功的喜悦，我结合本班实际，又先后补充了公仆、勤劳、助人为乐、参政、进步之星等，我还根据《班级常规》的管理记录设立了班级优秀学员、优秀干部、学习标兵、优秀科代表等奖项。对于获奖同学给予荣誉表彰奖励。全班获奖的同学每次都能占到总人数的95%以上。

以人为本的班级管理体系是为满足每一名学生的个性化发展需求，而有针对性地分对象、分层次、分阶段提出新的目标，从而维持每一名学生的发展动力的管理。

为学生提供了适合其自身发展的空间和平台，促进学生的个性张扬，发掘学生的自身潜能，每个学生都能体验到成功与快乐。学生的理想目标和潜能被激活，学生的成长获得了动机和持续不断的力量，支持了以积极的心理状态面对人生的机遇和挑战。

两年时间里，大家齐心协力，班级面貌日新月异，各项工作逐步走上正轨，进入学校先进班级的行列。在我们班里，"见到老师问声好""见到纸花弯弯腰""好人好事有人夸""不良现象有人抓"都是十分平常的事情。"无情的制度"和"有情的管理"在我的班级得到了充分的体现。可见，先进班级成长的力量来自"文化建班，规则治班，贯彻人本，家校共育，五育共举"，目标指向是"立德树人"，将学生培养成一个完整的"人"，一个内心善良、对生活和学习充满兴趣的人，一个有家国情怀、社会责任、文明素养的人。

我们通过主题活动，提升个体的内在意义、价值追求、行为习惯，聚焦"立德树人"，将学生培养成一个有家国情怀、社会责任、个人素养的完整的人，并形成支撑各方可持续发展的隐形力量。

同时，我们应该注意到，每一名孩子的成长都离不开家庭的影响，我们提及家校合作也正是为了协调两种教育的关系，挖掘各自的优势长处，完成各自的教育使命。

家校同心解决亲子沟通难题

青岛西海岸新区职业中等专业学校　刘桂美

　　亲子关系是一个家庭中的核心人际关系，它决定了孩子未来的行为模式、性格养成、学习习惯、社会交往等等，从出生到长大，亲子关系处处影响着孩子的发展。在亲子沟通不畅的家庭中，家长会抱怨孩子叛逆任性不服管教，同样的，孩子也会抱怨父母独断专行不理解自己，亲子冲突在中职学生家庭中屡见不鲜。

一、问题背景

　　自重新分班以来，我发现HJ学习就一直不在状态，最初我以为她是与家长在学籍转换上意见不一致而闹情绪，想给她一点时间缓冲，但是两个星期过去了，她一直没有调整回积极的状态。某天晚自习时，我一进教室，发现她正抱着一本小说读得不亦乐乎，第二天就期中考试了，她还是如此漫不经心，我的火气一下子上来了，当即把她的小说没收了。

　　下课后，她来到我办公室说："对不起老师，我刚才惹您生气了。"她能主动到我办公室为自己的行为道歉，这有点出乎我的意料，我缓和了一下情绪，问她为什么不抓紧时间复习，还浪费时间看闲书。她说："我最近因为和家里人闹矛盾，所以一直很烦躁，学不进去。"我非常熟悉她的家庭状况，她的父母因为年纪大了才有了二女儿，极其宠爱，平日在家都不舍得让老二干一点家务。姐姐比她大十岁，一直像妈妈一样照顾她，可以说，全家人的关注点都在她身上，我想不出她们之间会发生什么矛盾。

　　我让她详细地描述一下问题，她说："我妈在学习上给了我很大的压力，她觉得我成绩不好，常常冲我发脾气。有时候我也想好好学习，但跟她一吵架我就学不下去了，慢慢地一想到学习我就头疼，我心里很难受，这段时间我一直想退学。"我问："为什么要退学呢？"她说："我妈说都是因为我学习不好才把她气病的，如果我退学了，她就不会因为我学习不好再骂我了。"看来她知道问题的症结在哪里，但她并不想以积极正面的态度提升学习，而是想用逃避的方式解决问题，这就是青春期孩子不成熟的思维模式。

二、原因分析

1. 青春期引发生理与心理矛盾冲突

中职生正处于快速发展的青春期，生长发育处于高峰期，生理的快速成熟使学生产生了成人感，而此时学生的心理发展却相对缓慢，使他们仍处于半成熟状态。生理上的成人感与心理的半成熟状态是造成青春期心理活动种种矛盾的根本原因。成人感使青少年的独立意识增强，希望在精神生活方面摆脱父母的束缚，拥有独立的自主权，如果此时父母以绝对权威的命令式家庭教育教导孩子，过多干涉中职生的独立需求，必然会产生很多矛盾。

2. 家庭教育缺乏良好的沟通模式

处于青春期的中职生面临着许多复杂的矛盾和困惑，他们渴望与父母建立平等的朋友关系，但是许多父母受传统教育观念的影响，以家长的权威强迫孩子听从自己的安排，不愿意放低姿态来倾听孩子的想法，尤其是专制型父母往往喜欢居高临下地教育孩子，或以对待小孩子的态度去训斥他们，就可能导致孩子将自己的内心世界封闭起来，不喜欢和父母交流，甚至发生冷战。所以亲子关系不和谐的根本原因在于没有建立良好的亲子沟通模式。

三、解决对策

1. 疏导学生抵触情绪

中职生面对家庭矛盾往往采取逃避的态度，不愿意主动解决矛盾或缺乏解决问题的策略，从而矛盾堆积引发抵触情绪。班主任首先可以分析学生自身的问题，让学生认识到矛盾的根源在于自己的不良表现，引导学生产生积极主动做出改变的意愿。其次教给学生智慧谈话的沟通模式，理性地与父母进行良性沟通。

作为学生，可以采取"事实+感受+需要+请求"的亲子谈话模式。首先，陈述事实。根据谈话内容，学生在不做任何评价的基础上描述家长的具体行为，清晰地表达观察的结果，如我看到您歇斯底里冲我大叫等。第二，说出感受。根据陈述的事实，具体描述和表达自我的情绪感受，如惹您生气我很难过、您这么说让我很难受等。第三，表达需求。在感受和期待之间建立关联，让父母了解自己真正的需要和希望，如我需要一点隐私、我希望得到您的理解等。第四，具体请求。学生提出具体的、正向的，而非抽象的、负向的请求，表达希望父母以后应该怎么做，如下次进门前，请您先敲门好吗？请您不要一味地批评我，也给我一点鼓励好吗？

2. 指导家长沟通模式

家长的行为模式和思想观念相对固化，面对亲子冲突如果不能转变态度及时止损，矛盾往往会愈演愈烈。班主任首先可以通过家访或电话沟通，了解学生家庭矛盾的焦点以及常规处理方式，帮助家长认识到良性亲子沟通的重要性。其次和家长交流亲子问题处理行为模式，转变传统家庭教育观念，科学地与孩子进行良性沟通。

作为父母，可以采用"先谈情，后说爱，再讲理，助发展"的亲子问题处理行为模式。首先，"先谈情"，父母要先控制情绪，不要在情绪激动的时候批评孩子或与孩子争吵。发现孩了的情绪问题，先处理孩子的身体情绪，再通过倾听和共情处理事件中的情绪。第二，"后说爱"，父母要从心底尊重、接纳、关注犯错的孩子，如果孩子能够从心底感受到父母对他的爱与帮助，就会更愿意接受父母的教诲。第三，"再讲理"，父母让孩子说明事情的原委，给孩子表达的机会，而后自己也把处理此事的想法向孩子述清，双方在相互理解的基础上，求同解异达成处理问题的意见。第四，"助发展"，指最后要让孩子自己表明对这件事的处理态度，并做出以后的发展规划。同时，父母要协助监督孩子对未来规划的有效性及可行性。

四、实践效果

针对HJ提出的要退学的偏激想法，我问她："如果你退学了，你能做什么呢？去打工还是在家待着？" 她是个瘦瘦小小的女孩，又常常生病，她迟疑了一下:"如果退学,现在这么小,恐怕没有单位会要我,我只能先在家待着吧。"我问:"你妈妈责备你是觉得你不上进,怒其不争,如果你整天待在家里无所事事,你觉得她看见你会心情舒畅,不再责备你了吗?"她神色黯然地说:"不会,她还是会骂我。"我说:"所以退学不是解决问题的办法。"

转变了她退学的观念后,我接着引导她寻找其他避免和妈妈争吵的途径。她说:"我有时候在家待不下去,我姐就会把我接过去住,但上星期我姐也和我妈吵架了,说我妈把我的事都推给她管。我现在感觉自己就是个累赘,到哪里都惹人厌。"我说:"你姐姐现在快要生小宝宝了,她自然不能把精力都用在你身上,如果你去了姐姐家,还像以前一样凡事都要姐姐照顾,她当然会觉得累啊。现在你也要学会照顾姐姐才行啊!周末再去姐姐家的时候,要勤快一点,帮助姐姐、姐夫做点力所能及的事情,比如做一顿饭,做一点家务,陪姐姐聊天,说说自己的进步等等,这样的你怎么能是累赘呢?姐姐和姐夫一定会欢迎你的。"她点点头。

解决了她在姐姐家不受欢迎的难题,我接着说:"逃避只是暂时的,你要学会和妈妈理性沟通才行。"她说:"我妈发脾气的时候就像神经质一样,谁说都不管用,不发脾气的时候还是挺讲理的。"我说:"那以后妈妈发脾气的时候你就听着,不要回嘴,等妈妈心情好的时候,再跟妈妈心平气和地沟通。对于不合理的指责,你可以不卑不亢地说出自己的想法,对于合理的批评,你要虚心接受并积极地想对策,让父母看到你的努力。"她虚心接受了我的建议,并答应周末放假回家好好跟母亲沟通一下。

我接着给HJ的母亲打了电话,跟她交流了孩子在校的积极变化以及现存问题,也了解了家长对孩子的期望和家庭矛盾的处理方式。我接着跟她分享了我和儿子的相处模式和矛盾处理方式,潜移默化地将亲子问题处理模式渗透给她。她听完后表示豁然开朗,并答应我周末和孩子心平气和地聊一聊。周日下午返校后,我看到HJ一改往日的沮丧,在座位上认真地写着作业。下课后她主动来找我,汇报和母亲沟通的成果。事情的发展和我预期的一样,母女俩终于不再剑拔弩张针锋相对了。

美国著名人际关系学大师戴尔·卡耐基曾说:"如果你是对的,就要试着温和地、有技巧地让对方同意你;如果你错了,就要迅速而热诚地承认。这要比为自己争辩有效和有趣得多。"掌握了科学的沟通技巧，能够有效避免家庭矛盾的激化。良好的亲子沟通，既能保证家庭成员之间信息的有效交流，又能降低青春期少年的逆反心理，对于提高家庭教育的质量和帮助孩子在未来建立良好的人际关系具有一定的积极意义。

十六封信　共同的爱

——浅谈班级管理中的情感教育

山东青岛第十六中学　兰　兰

在文章的开始，我要向大家分享一封信，这封信是2015级毕业生在离校欢送会上，其中的一位同学写给我的，从她的信中，我能够深刻地感受到从刚进入这个班级到最后的离校，她内心情感的变化以及家长在整个教育过程中态度的转变，真正诠释了情感教育在班级管理中的重要作用。

信的大意是这样的："两年的高中生活，本以为会很长很难熬，但直到今天该说再见的时候，我才觉得时间的奇妙，它是那么悄无声息却又让你倍感珍惜。现在，兰老师，我要跟您说说我的心里话。首先，我要感谢您给了我改正错误的时间与机会。我从小就是一个不太守纪律的人，是你一遍又一遍地与我谈话，保留了我的自尊心让我自己改过。再者，我要感谢您的陪伴，在我和班级同学发生矛盾内心苦闷不已的时候，是你像朋友一样陪在我身边，开导我、鼓励我，指出我的不足，并创造机会与大家和好。最后，真的要跟你说句对不起，我们班是个很神奇的班级，我们青春热血、性格迥异，每个人都有自己独特的个性给你惹了不少麻烦，真心希望你以后能遇到更好的学生，一个让你更省心的班级……"

接下来，我就开始讲讲2015级国际班这个神奇班级的故事……

众所周知，国际班的学生是全校录取分数最低、养成习惯最差、最难管理的一个班级。在纪律上，他们随意散漫，缺乏约束力；在学习上，这个靠英语出国留学的班级中考平均分只有80几分，在整个级部12个班中排名第八，他们不会听讲、不会记笔记，更没有错题本和积累本；在家校沟通方面，家长们普遍存在我多交了钱就应该享受更优质的服务的想法，更别提与老师积极配合了。面对教学及管理上的种种困难，我没有退缩，更没有放弃，而是转换角度来重新思考：这些孩子们从小学到初中，肯定挨了老师不少批评了，如果我再用这种单一命令的方式来管理他们，肯定是收效甚微。我必须另辟蹊径，选择一条新的道路去走进他们的生活，打动他们的心灵。

伟大的人民教育家陶行知曾经说过："爱与激励是最好的教育。"我想只有发自我内心最真诚的爱，才会给他们最大的鼓励，才会让他们慢慢转变成积极上进的阳光少年。同时，结合学校"激智励行"的教育理念，我决定从培养师生情感入手来展开班级管理，关爱学生的内心世界、鼓励他们健康成长，促进家校合作和谐发展，我要让爱与激励成为班级管理的主旋律。

在爱与激励这一教育理念的指引下，经过两年多的耐心沟通与精心管理，在毕业之时，我们班已然成为一个温馨和睦的大家庭，融洽的师生情感、和谐的家校关系，像一阵阵温暖的春风，吹进了每个人的心田，这让学生和家长感觉在十六中的每一天，都是那么充实、快乐。我的教育秘诀，就是下面的两点心得。

一、爱与激励是师生情感互通的桥梁

在人生的旅途中，我们每个人都曾经在内心深处感受到无数次的鼓舞和激励，从而激发出无限的潜能与力量。作为教师，一个眼神、一句鼓励的话、一段充满信任的文字，它所包含的力量足以点燃学生内心深处的激情，这就要求我们要做生活中的有心人，多观察学生的变化，多肯定他们的进步。

1.多谈话、多爱护，关注学生内心成长

交流谈心是每位班主任最常用的一个教育手段，虽然老套，但很实用，它能缩短你与同学之间的距离，让他们感受到你的关爱。在我们班，我谈话次数最多的就是金同学了。提起他的大名，真是无人不晓，他是一位单亲家庭的孩子，自己独自生活在出租房里，上课迟到、头发乱套、跑操吵架、午休溜号，是一个十足的问题学生。但到毕业之时，他有了非常大的进步，仪容端正、学习用心、尊重老师、帮助同学，还积极参加学校组织的各种志愿者活动，这些变化都得益于师生间谈话的力量。我几乎天天找他谈话，早自习、晚自习、大课间、午休，随时出现问题随时谈，没有问题防微杜渐也要谈，从人生理想谈到现实学习、从处事原则谈到个人纪律……谈到最后，他实在是不好意思再面对我、再犯错误了，在最后的离校告别会上，他接过我为他保留的厚厚的一摞检讨，很真诚地对全班同学说："我是两年里全班检查写得最多、谈话次数最多、兰老师最耗费精力的一个学生，兰老师谢谢你，谢谢你在我身上花费的时间，我知道，以后再也没有人这样对我了……"在那一刻，我顿时觉得我以前所付出的时间和努力都得到了回报。师生间的理解，真的需要我们多花费一点时间，多花费一份耐心。

2. 多观察、多鼓励，促进学生自信自强

自信，是走向成功的伴侣；自强，是战胜困难的利剑。两者相辅相成，我们才能到达理想的彼岸。国际班的孩子们因为学习基础及行为习惯较差，普遍缺乏自信的勇气和自强的毅力，我想让他们建立这种品质，必须从观察与鼓励入手，寻找他们学习及生活中的闪光点，以此来鼓励他们取得更大的进步。我们班的黄同学，就是一个鼓励成才的好例子。黄同学高一阶段VCE课程的成绩都不是很好，究其原因就是英语基础薄弱。记得有一次我让她回答一个小学的英语问题她竟然都回答错了，她当时觉得特别羞愧，下课后她就坐在座位上偷偷地哭起来。当时我想过去安慰她让她慢慢来，但转念一想，她是一个性格内向、心思敏感的女孩子，贸然仓促的安慰可能会起到反作用伤害她的自尊，所以，我就什么都没有说。但从那以后，我开始仔细观察她，观察她的课堂反应、留意她的听写成绩，给予她更多的发言的机会，只要她有一点点的进步，我都热情地表扬她，并建议她接下来如何做会做得更好……渐渐地，她的英语成绩越来越好，她更勇敢，更自信了。在高二的第二学期，她不但获得了学校举办的英语单词竞赛一等奖，还获得了全校三等奖学金。在最后的告别信中，她写道："兰老师，您是第一位在英语学习上表扬我的老师，虽然我的成绩差，但你没有放弃我，你让我知道我也能学好英语，我能行！"短短的一行字，让我深刻感受到了鼓舞与激励的作用，当一位没有信心的孩子经历了屡次的失败，他们内心最需要的就是理解和尊重、鼓励与信任。一句及时的鼓励、一个赞赏的眼神、一次正义的帮助，都有可能成为开启他们心扉的钥匙，扬起旅程的风帆。

3.多活动、多融合，唤醒学生相互关爱

我们班自组建以来，基于学生的兴趣爱好，我带领他们组织了各种各样的班级活动，如英语沙龙志愿者、"青青义教"公益课堂、澳大利亚暑期研学等等。在"青青义教"英语公益课堂中，我鼓励他们和外教老师同台授课，为兄弟学校的学生介绍中国的传统文化；在澳洲研学中，我鼓励他们积极参与外方的高中课程、领略异国文化……团结合作、朝气蓬勃的团队风貌真正激发了学生勇于展示自我的勇气与自信。留给大家印象最深刻的就是我们的毕业欢送会了，我为全班16位同学每人写了一封信，信中记录了我与他们相识的第一幕和这两年中我印象最深刻的一件事。在写这16封信的时候，两年的点点滴滴涌上心头，想着这群孩子在带给我苦恼和辛苦的同时，又带给了我多少温情与美好啊。我们班的李同学，在收到信的当天晚上就给我发来了微信，说自己是含着眼泪看完了这封信，她感动于我对她是那么地信任让她来管理班费；从外校转入的苏同学，感谢我给了她新的起点，她真的很幸运能到这儿来学习……我发现我写的信竟然给同学们带来这么大的震撼与鼓舞。此外，我还为每位同学冲洗了四张照片做成了照片链，连同全班同学给予的最贴切的评语奖状送给了同学们。当大家接过这份专属于自己的离别礼物时，家长和同学们都感动极了，在他们的眼中，这份沉甸甸的高中回忆，记载的是老师对他们的关爱，也承载着他们对高中生活的恋恋不舍。

二、爱与激励是畅通家校交流的纽带

巴西著名学者弗莱雷曾说过："没有了对话，就没有了交流；没有了交流，也就没有真正的教育，而真正的教育，是根植于父母，根植于家庭的。"在班主任工作中，如果能从家校两方面展开双向教育，教育的力量会更明显，更有效。因此，在学生的情感教育上，我非常重视与他们原生家庭的沟通与联系。在这儿，我就以演讲伊始的宋同学为例，向大家展示一个完整成功的家校沟通案例。

1.电话沟通，鼓励为主——与家长有效沟通

因为我们班的家长都比较忙，我极少请家长到学校来，通常我是采用电话交流的形式来解决学生问题，在交谈中我也是以肯定和鼓励为主、提醒和批

评为辅。高一刚开学，我经常收到宋同学妈妈给我打来的电话，每一次电话都是一通抱怨与质疑。通过了解，我知道宋同学的父母离异，她跟着爸爸生活，只是周六周日偶尔到妈妈那儿去看望一下，我想，肯定是她妈妈片面误解了一些事实。于是，我就静下心来找宋同学谈了几次话，通过谈话我了解到，其实孩子就是随意与母亲聊天并没有什么抱怨，她的妈妈只是不满于他爸爸对她的监护和照顾，特别地挑剔与严苛。了解到这一情况后，我开始积极地去解决这一问题。每次收到她妈妈的电话，我都是很耐心地把话听完，记住她所反映的事情，随后我再仔细观察，记录，再有实有证、有理有据地向她反馈，同时还真心地给出一些孩子学习和生活上的建议。渐渐地，她开始了解女儿的学习生活，开始理解老师的辛苦与不易，与我交流的言语也变得客气温和多了。

2. 家校联络本，坚持反馈——与家长后续沟通

电话沟通虽然方便快捷，但总感觉说完了就说完了，很难留有一个教师、学生和家长三方沟通的台账记录。为了让我们的沟通留下痕迹，做好家校共育的延续和反馈，我建立了家校联络本。我们班每一位同学都有一个家校联络本，先由学生总结某一阶段的表现，我再给出意见和评价，最后再反馈给家长写出配合方案。起初，宋同学的家校联络本只有她爸爸的寥寥数语，但在建立了良好的沟通后，她妈妈也开始在联络本上留言。这真是一个好进展，于是我就更加用心地写好每一次对孩子的观察与评价，并不断地鼓励她。渐渐地她的妈妈被我感动了，写的话越来越多，情感也越来越深厚，一个学期结束后，她竟然介绍了一个新学生转到我们班来就读，这是多么大的态度上的变化啊。就这样，教师、学生和家长的情感在字里行间建立起来了。一本小小的联络本，凝结了老师、家长和学生三方的交流和感悟，这种互通有无、团结合作的畅通的家校关系也为学生营造了轻松愉悦、积极进取的学习氛围。

3. 一对一家长会——打造家校沟通的专属途径

高二下学期，我们班同学面临国外大学报考和专业选择的问题，我和外方老师们一起商定，决定召开专属学生个人的一对一家长会。我制定出一对一约见时间表，在家长会上，我首先分析了学生的学习成绩和个人特长，再由外方老师提供适合他们个人发展的大学及专业。宋同学因为家庭原因选择了去新西兰留学。这天，她的父母早早地来到学校，和孩子一起听取了老师的成绩分析

和留学意见。家长会结束后，两位家长对我们的细致工作表示了深深的感谢，感谢我们对孩子平等耐心的关爱与照顾。

4. 微信交流群——营造家校沟通的和谐家园

实时的消息、生动的图片、随时随地的交流、班级微信群已然成为家校沟通最便捷的方式。我从军训时就建立了班级微信群，实现了家校联系的互通互联。班级有了哪些新活动，同学们得到了哪些新荣誉，班级中又发现了哪些好人好事，每个月我都会从不同的方面把全班同学表扬一遍，也让家长们感受到孩子们在高中学习上的成就感。畅通和谐的家校沟通让每位同学、每位家长都体会到了高中生活的幸福。久而久之，班级内就形成了一股温馨向上的正能量。现在，宋同学的妈妈就是群中最活跃的一位，她成为班级家委会中的一员，积极参与学校组织的各项活动。在告别会上，她向学校赠送了"中澳合作结硕果，十六桃李满天下"的锦旗，并在微信群里写道："兰老师，你一定舍不得孩子们，我们也舍不得你，想起来眼泪又含在眼圈里，真的很感谢你！"和谐融洽的家校关系不仅仅是一种教育的力量，更是一种真情实感的流露，它架起了师生友爱的桥梁，也成了家校共育的纽带。

在毕业之时，我的爱与激励的情感教育也收获了最丰硕的果实，有几张照片是我在同学们离校的最后一晚拍摄的。那天下班我走得很晚，临走时不放心又到班里去看看孩子们走时有没有关窗，一推门看到了这样暖心的一幕：教室里是排列得整整齐齐的桌子；桌子擦得干干净净没有一丁点儿的划痕；抹布排着队挂在圆钩上；地上放着一个大大的收纳盒，里面盛满了他们整理的没有用过的新本子；黑板上保留着欢送会时大家的签名，偌大的刊板上贴着为我留下的一张照片，那是我们班的第一张大合影……此情此景让我感动万分，内心充满了对他们的想念和感激——最后离别之时，他们送给我这么一份丰厚的"礼物"，他们用自己的实际行动，默默诠释了最真挚的师生情！

三年的栉风沐雨、披星戴月的班主任工作，让我深深地体会到了身为班主任的辛苦与不易，也让我体会到了其中的幸福与快乐，它让我明白教育的艺术，不仅仅在于知识的传授，更多的是给予他人的鼓舞、激励与唤醒。热切的期待、真诚的赞赏，怀宽容之心、礼勤勉之意，您就会收获一份理解的释然和一份分享的领悟，就像学生所说，回忆起三年十六中的高中生活，他们忘不了的不仅仅是干净的校园、和蔼的老师，更多的是老师给予他们发自内心的关心与爱护，和那份足以鼓舞他们整个人生旅程的精神与动力。

饮水思源学子意，春泥润物师者情。最后，我还要感谢这三年来与我并肩作战的伙伴们，谢谢你们辛苦的付出和耐心的教导。愿国际班的孩子们远在大洋彼岸回首高中生活之时，心头涌出的一点一滴能唤起大家共度的时光、奋斗的历程，愿真挚的友情、真诚的关爱成为来自祖国最美好的一份回忆。让爱与激励成为最好的教育，让每一个孩子都在充满爱心的成长中展示一个新的自我。让我们做眼中有光、心中有爱、脚下有路、行囊有梦的基础教育工作者，珍惜与孩子们的相聚，感悟他们美好的心灵，赠与他们最真挚的情感，我们也一定会感受为人师表的那份最珍贵的感动与幸福。

不忘初心，方得始终，愿与大家共勉！

用爱的力量温暖单翼天使

青岛市即墨区第二职业中等专业学校　孙丽芳

一、案例背景

高一上学期，我在班级的信箱里收到了一封李某的来信，信上说："老师，我想退学，因为我感觉我适应不了集体环境。同学们叫我'李三多'，哭多、事多、毛病多。我也不知道我为什么遇事就爱哭？全班为什么就我天生肢体不协调？你为什么让我军训会操表演时别上了，可我就是想证明我不比别的同学差！捐款时，我捐了2块，同学们笑话我，国家给你那么多补助，你就捐那么点？服装工艺课作品也属我做得最烂，每件事我都是在努力地想做好，可是我就是不行。父亲更不理解，也不关心我，每天都活在自卑、压力、自责、矛盾、无助中，我该怎么办？？？"

二、案例分析

（一）关注表象——找准问题

"橘生淮南则为橘，生于淮北则为枳。"经过交流得知，她幼年丧母，父亲是一个地道的农民，既要承担繁重的农活，又要充当父母两个角色，因此常常力不从心，也是处于一种无暇顾及子女的无奈之中。这成为她的家庭教育功能弱化的一个主要原因。

利用送慰问品的机会我走进了她家。进门后父亲竟对老师连最基本的接待礼节都没有，我的心里一震，这也就不难解释为什么他父亲元旦来校领慰问品时一句"谢谢"都没有。当我问李某："你家是低保贫困家庭，每年国家和学校的贫困补助都享受好几次，为什么当别人需要你帮助的时候你会毫无爱心之举？"她的回答是："那不是国家给我的补助吗？"原来孩子的无爱之心皆是父亲的"榜样"作用。是父亲把国家和学校的帮助看成了理所当然，始终没有对她进行只字片语的感恩教育！父亲尚无受恩之后的感恩之举，李某怎会将这份爱心传递给身边的人？父亲从小生活的重点只是满足于温饱，让她看不到自己身上的优点，做事永远得不到父亲的肯定。一个长期得不到亲情关爱的孩子，她的心里怎会知道什么是爱？又怎会将爱施于别人！

从心理学角度分析特殊家庭学生比正常家庭学生多疑、过于装强大、敏感的心理特征更明显。李某非常敏感，同学的一个眼神、一句玩笑她就会委屈掉泪，出现了人际交往的困难。这种心理的产生实际源于自卑，其实潜意识里还是怕别人看不起自己，不容许自己犯错、故意隐藏自己的自卑和脆弱的现象。她认为既然没有人关心自己，我何必去关心他人！

（二）用心倾听——走进内心

首先依据教育基本规律中的"教育与人发展的关系"，遵循学生个体身心发展的规律引导李某。利用每周日返校的时间进行交流，主动询问上周的学习、生活及周末回家与父亲交流的感受，在倾听中得知李某内心是苦闷的，相依为命的父亲从未主动走进她的内心去倾听她世界的声音，只限于物质上满足生活需求。这种环境使她从初中就对周边的人保持戒备，没有朋友，心门从未对任何人敞开过。针对这种情况，我安排了同舍的两个同学主动靠近她，从精神上给予鼓励，博得她的信任，引导她主动说，让其找到情感的心理依托，释放心理压力。慢慢地，她封闭的心门打开了，能主动与班里同学开玩笑，性格也开朗了许多。

（三）疏导情绪——走出自责

根据高中生情绪体验比初中强烈，针对李某办事唯唯诺诺、爱自责的现状，每周对其进行一次心理疏导，引导李某要学会为错误找到更多的原因，别再习惯性地认为出了差错，就一定是自己的问题。给她灌输每人都会有自己不擅长的地方，把生命看作一个过程，和自己比较而不和别的人比较，哪怕暂时还不够好，都没有关系，因为学习是需要时间的。比如军训一事，告诉她：肢体不协调是天生的，后天也许可以纠正，不让你会操表演是因为短时间里老师怕你做不好，给你增加心理压力，全校师生面前怕你心理承受不了。你要面对现实，这不是你的错，也许你根本纠正不了，但你也不能怨声载道，以泪洗

103

面，只要能力达不到的事，努力做到最好就行。

（四）正视现实——榜样作用

榜样的力量是无穷的，榜样就像一个不灭的灯塔，指引着学生前进的方向；榜样也是动力的源泉，会带给学生无穷的力量。首先用情绪转移法着手培养李某的积极情绪，引导她暂时将自卑的消极心理搁在一边，把精力和情感转移到平时喜欢的方面，例如手工缝制、服装设计图的绘制。让其正确对待社会舆论，正确看待自己的家庭情况，培养健全的情绪，转移其注意力，避免受负面影响。告诉李某摆在你面前的有两种命运：一种是面对现实，做个生活的强者，和父亲一同接受生活的挑战；一种是停滞不前，做个生活的弱者。引导其观看接到清华通知书还在工地上的单小龙、林万东这些逆境中成长的优秀人物的故事激励她迎接挑战，让她树立自信心，形成健康的心理。

（五）家校沟通——携手育人

家校沟通有利于提高家长对家庭教育的认识，使家校教育产生合力。通过微信给其父亲推荐李玫瑾教授的讲座，分析中职学生身心的不平衡状态是孩子渴望家长的关心和理解，但他们表现出来的却是不屑一顾的现象。要求家长与老师的教育达成共识。每周要主动与孩子交流在校情况，用无可替代的父爱让她感觉到家长的关心，慢慢地让她倾诉心声，解开心结。结合李某在服装设计方面的优势，及时将她的作业发到家长群进行表扬，面对家长们的点赞，慢慢地她的父亲从一开始的家长群不及时回复信息到主动地对家长们表示感谢。周末回家他也会主动提起，与孩子进行交流，这让李某的信心大增，与父亲的交流也多了起来，父女关系融洽了许多。

（六）创设情境——施爱于心

爱默生说：教育成功的秘密在于认同学生。威廉·詹姆斯说：人性最深刻的原则，是希望别人对自己的赏识。士为知己者死，赏识的力量是最最强大的，学生是渴望赏识的。从某种意义上讲，赏识就是学生生命中的阳光、空气和水。针对李某比较容易灰心丧气、爱好文学知识这些特点，主动让其参加学校的"爱国知识问答"比赛；推选为"班级文学宣传大使"；《服装简史》课上负责用自制的PPT给同学们讲各个朝代的历史背景等。每次活动结束后，同学们都会报以热烈的掌声，她也很有成就感和价值感。服装工艺专业课她动手能力不强，安排班里学生经常对其进行辅导，让其不掉队。慢慢地由被动变为主动，她也能主动帮同学做事情，脸上的笑容越来越多，融入了整个班集体中。在别人爱自己的同时也会将爱施与需要的人。

　　教育的核心是对人的关照。一个学生一个世界，班主任要建立一个充满关心的班集体环境，让这群学生中的特殊人得到个性化的发展。李某案例的成功之处是及时地走进她的内心，洞察她的思想掌握了她的家庭情况。通过班集体的力量温暖了她的心，给她提供了体现自我价值的机会。作为职业教育者，我们面对的是一批特殊的群体，她们的文化课基础相对薄弱，但每个人身上都有发光点，我们教育者要从朴素中觅求不凡找到他们的长处给其提供展示机会，这才是适合他们的教育方式，才有助于他们在职教这条路上越走越远，在逆境中健康成长！

共情换真情　"魔王"变粉丝

青岛西海岸新区育才初级中学　薛换新

　　"薛老师，你们班的小远同学，你好好管管，在花园里爬树呢，还不听我劝告……"午餐时，我正在到处找小远，就接到保安师傅的告状电话。

　　小远是一个单亲家庭的孩子，妈妈在他三岁的时候就离家出走了，爸爸有些精神分裂。小远从小跟着姑姑，姑姑现在40多岁了，为了抚养小远没有结婚，姑姑的性格比较孤僻。开学短短的三周，小远因为作业、纪律问题经常和学科老师发生矛盾。我和他姑姑交流过一次孩子的情况，他姑姑表示在家里说了也不听，态度比较冷淡。后来，我给他姑姑打了几次电话不接，发了几次微信也不回，得不到家长的支持，这样的孩子，我需要格外关注：只要他交作业，我都会在评语里表达自己看到他每一个努力的欣慰，为他每一个进步点赞，鼓励他持之以恒。有时我自己在家里制作了小点心，也会拿去与他分享。让班级里有爱心的同学和他一个小组，创造机会让小远感受到温暖和尊重。

　　记得在一次关于理想的主题班会中，小远分享了自己的理想，长大了成为一名飞行员，我由衷地高兴。后来我经常叫他小飞行员，他也非常骄傲。有几天，他真的仿佛自己成了飞行员一般努力学习，有了很大的进步，可是没坚持几天，今天小飞行员就飞上树了。

　　去传达室的路上，碰见了几位同事吃完午饭从餐厅出来，打趣我："快去给你们班的大魔王念念紧箍咒，又闯祸了。先吃个苹果补充点能量，还有力气和他过招……"同事关心地把苹果递给我，我饥肠辘辘，红红的苹果仿佛也在心疼我，"快吃了我吧。"虽然饿，我却一点儿也不想吃。

　　远远地，我看到站在传达室门口的小远狠狠地踢着地面，我平静地走到小远面前，温和而严肃地问："发生什么事了？"小远撇着嘴："也没有什么事，我在那里爬树，他就吆喝我，我没有下，他就骂我，我们就吵起来了……"他眼里冒着怒火，明显是被激怒了。

我必须先灭火，决定先晾一晾他。我边察看监控，边和保安师傅聊天，边暗中观察小远。了解到师傅每天早出晚归，巡视校园，对每间教室、每位同学、每个细节的安全隐患都了如指掌。听了师傅的话，我特别感动，递给师傅那个红红的大苹果，深深地鞠躬致谢："师傅，您辛苦了，今天的事情真对不起您，我没有管理好孩子，是我的错，让您操心了，您消消气，谢谢您。"我用真诚的行动，表达对保安工作的尊重和感谢，对自己工作不足的愧疚。

抬眼看看小远，他眼中的火焰渐渐熄灭，情绪已经稳定，我对小远说："今天保安师傅教导你时，情绪和态度确实不对，保安师傅慌忙之中口不择言。我真诚地代表保安师傅向你道歉。"

"小远，你还记得我们的班训吗？"

"记得：行有不得，反求诸己。"

"对，咱们从开学就约定，行有不得，反求诸己，共同成长，而不是找借口，回避问题，逃避责任。"

我通过自己对保安师傅的尊重和感恩，对问题的解决方式和态度，给我的学生做一个良好的榜样。为人师表就意味着我的每一个行动、每一句话，甚至每一个眼神都在给孩子做示范。我语重心长地对小远说："老师希望你也能够像保安师傅一样勤勤恳恳，踏踏实实地把每件事情做好，将来成为一名优秀的飞行员，带着老师星辰大海，自由飞翔。"小远冲我会心地一笑，低下了头。

回到教室，面向全班同学，小远诚恳地认识到了自己的错误，主动要求擦黑板。我严肃地对大家说："小远同学今天在花园里爬树，保安师傅批评教育了小远同学。事事讲安全是咱们扬帆班的每一位小白帆在自己制定的班级公约中的自我要求，今天小远同学爬树既不安全又不文明，依据班级公约，中午小远同学擦黑板。"我把目光温和地转向大家，"现在，小远同学已经认识到了错误，主动为大家服务，知错就改，我们能原谅他吗？"

同学们都纯真而热情地给小远鼓励的掌声。老师有时像一个善于表演的艺术家，用自己的真情和热情去诠释角色，给学生带来安全、愉快、轻松，让孩子充满勇气去挑战，去体验。看着小远也在奋力地鼓掌，戾气不见了，眼睛里闪烁着光芒，照进窗口的阳光似乎也更加温暖美好。

今天与班级中的"魔王"过招，共情、谅解、掌声，效果初见，但我深深知道，小远成长还会有反复，拨动孩子的心弦，奏响生命的乐意，还需要我大量艰苦琐碎的工作，今后的路还很长……

放学路上，隔着一条宽阔的马路，对面的小远边挥手边大声地呼唤我："薛老师！薛老师！"我惊讶地停下了脚步，以为发生了什么重要的事情。小远气喘吁吁地跑过来，对我大声说："老师，再见……"笑着一阵风似地跑开了。

我的心中无比甜蜜，一天的疲劳顿时随风而逝，我深深地感受到和孩子共同成长的幸福。我立刻给小远的姑姑发了一条信息：小远是一个很善良的孩子，今天大老远跑来跟我说再见，真羡慕你有一个很暖的侄子……

助力"双减" 班级后进生转化微策略

胶州市第十五中学 杨兆才

习近平新时代中国特色社会主义思想关于教育的论述明确要求落实"立德树人"根本目标。而这一目标的有效落地是通过中国学生发展核心素养的达成程度，即"一核三维六层十八点"来体现的。实现学生核心素养的全面提升对于优良学生而言难度较小，但谈到班级后进生的转化工作颇令众多班主任头痛。后进生俨然成为实现学生全面发展的最大阻力。后进生之所以后进，主要在于缺乏内驱力。鉴于此，寻求如何转化后进生思想的有效策略显得尤为重要！而这个策略要具有时代性，当下国家"双减"大背景讲求提质增效，怎样既减轻学生的负担又提升转化的量与质呢？个人认为，这与班主任专业水平的高低、运用理论解决现实问题能力的大小、在实践中是否能建立有效模式、模式的推广辐射带动增益如何高度相关。而促进以上四个方面全面发展也与"双减"提质增效高度契合。

一、厚积而薄发

北宋文学家苏轼在杂说《稼说送张琥》一文中有"博观而约取，厚积而薄发"之论述。我们班主任在转化后进生上要有效果何尝不需要先做好这样的积淀。由于后进生一般具有比同龄人更叛逆、自制力更弱、与多数人的普遍认知相背离的特点，所以这就需要更专业的教育理念、方式、方法才可能有奇效。而获取这些教育理念、方式、方法的便利捷径便是读书。高尔基说："书籍是人类进步的阶梯。"通过广泛的阅读，不仅会拓宽知识面、开阔视野，更会启迪智慧、促进思维进阶，进而更利于我们突破转化后进生的工作。再就是广泛涉猎生活中的诸多时事。这儿不是让我们成为行行通的专家大拿，而是要知晓各行各业的粗枝大叶，做一个生活的厚积者。比如网络流行语"内卷""凡尔赛"等风靡全国时，我们是否也略知一二？大多数学生常玩的游戏我们是否大致了解？当代多数初中生更倾心于闲谈话聊哪些明星等等。其实如若好好挖掘，我们不难发现这是一个很大的教育宝藏，许多转化后进生的教育契机就蕴含其中。

二、实践验真知

实践是检验真理的唯一标准，此话最具有真理性。而我们前面所厚积的教育学、心理学等专业知识，以及广泛汲取的阅读精华，往往就是一些被普遍验证了的真理；而生活这本百科全书提供的各种素材则是实践真理的绝佳载体。因此，我们在面对各种类型的后进生的时候，要多多运用已有的教育理论，与相关素材载体高度融合，让理论的力量充分发挥实效，并在理论与实践不断交融的过程中寻求转化后进生的有效模式。借此模式，促进后进生转化的量与质，切实为国家"双减"政策的提质增效尽一份力。

三、融合创模式

在处理各种后进生事件的案例中，通过反复的琢磨与思考，对比和归纳，慢慢发觉这些成功案例背后其实具有一些普遍的共性。将这些共性提炼便有了"明—究—定—巧—促"五环节转化法。明，即明现象。我们务必弄清楚要转化的后进生的显性不良表现，将这些不良表现有效归类。究，即究根源。根据不良表现分类，寻求表象下的深层次原因。定，既定目标。根源找到，围绕原因，明确转化达成的最终目标。巧，即巧沟通。运用多元化的沟通理念、方式、方法，让背离目标的学生从情感上、思想上回到正确价值指向的通道。促，即促持续。运用多种方式避免或是减少转化成果"反复"，真正让学生持久走在正确的普遍价值认同的康庄大道上。

在此略举一例。我们级部三班的戚同学（女）拨打市长电话反映班主任处理事情不公，学校要求我妥善处理此事，于是便有了这个教育案例。整个事件是这样的：在餐厅就餐时因过道狭窄，本班杨同学（男）碰撞到戚同学，戚同学认为杨同学此举乃故意为之便怒吼了他一句，杨同学人高马大且平时就有点

仗势欺人，于是便揪着戚同学的衣领一拽一送，差点把娇小的戚同学推倒。戚同学大怒欲上前干架被同学止住，然气愤不过数秒后遂将菜和汤直接扣在杨同学头上。恰巧被进入餐厅的班主任目睹此幕，班主任了解清楚事情真相后便做出"杨七分过、戚三分过"的相对公平处理。杨同学对此毫无异议，但戚同学以为班主任处理有失公允，遂拨打市长电话讨说法。这就是事件整个过程。

知晓此事后，我的第一反应就是这个女孩咋这么偏激？把菜扣人家头上、拨打市长电话，这背后肯定有发生此行为的深层次原因。于是，和她的班主任了解了基本情况后，我找了一段比较长的时间，依托"明—究—定—巧—促"五环节转化法，展开了和她之间的思想博弈。

她进入谈话室给我的第一感觉就是这个女孩并不是自带后进生的一些明显特征，这告诉我很可能她思想很隐蔽，这种类型最难缠。"请坐。"我轻轻地说。"你是我见过的最有礼貌的学生，进来后不仅轻轻地带上了门，还问老师好。""能和老师聊聊你的小学生活吗？"我不紧不慢地淡淡地说了三句话。就这样，慢慢地打开了她的话匣子。在聊的过程中我时时与她感同身受，偶尔就一些不合理的方面适当提出我的看法。整个过程优点说八分，不足谈两点。这样通过她透出的信息表象，我弄明白了她之所以会遇事这样冲动，主要与其从小家庭不完整有关。缺失父爱的家庭让这个女孩性格上难以健全，不健全的性格让她在生活、学习中经常遭到别人的质疑，而她又通过与大众唱反调迫切想证明自己的存在，于是把自己弄得越来越糟糕。弄明白根源后，帮她解开心结，呵护她那颗受伤的心，让她慢慢变得坚强便是我的目标。如何得到她的认可呢？这需要进行巧沟通。她不经意露出的耳钉给了我最好的教育契机。继续"二八原则"，有了前面的情感铺垫，接下来的沟通变得顺利有效。先赞美这个耳钉有多美、与她有多配、她多有眼光、美感有多强等等，一波优点轰炸下来，不等到"二"的环节，她便不好意思地摘下来并跟我信誓旦旦，以后不会再在学校戴了。我看着她的头继续说着我的想法，若能把这个头发扎起来就更有精神啦，不等说完她秒懂我意。就这样，我们谈论着各种话题。当然，遇到她感兴趣的话题就跟她往深里聊，兴趣是最好的老师，很可能不经意的哪句话就成为拨动她灵魂深处的神器，给予她向上奋斗的希望。

就这样不知不觉两个多小时过去了，彼此聊得甚是欢愉。时机成熟，我轻描淡写地跟她聊起那天的事件，和她分析了事情产生的根本原因，并承诺我愿意和她一起走出这片迷失的泥沼地。话聊到此，不仅事情圆满解决，更喜的是拉回一个迷路的少年。

好的开始只是成功的一半。接下来需要成果巩固。这就是"促"字诀。怎么让这种成效长久地保持下去呢？这需要拉长时间依托多元化的方式追踪提升。比如，制造偶遇报以微笑并通过短短数语肯定鼓励，制造一些利于成长进步的机会助力提升，励志小片濯涤灵魂，互动小活动增益性格等等，一系列的"促"将会远远超出好习惯养成21天时间法则，并且这些活动可循环换新，转化效果越来越好。

四、推广扩效益

其实每个班级都会存在各种类型的后进生。俗语云：物以类聚，人以群分。各类型的后进生往往也会相互吸引，不仅仅是同级间交流频繁，甚至跨级互动。因此，为了整合不同班级、不同级部的教育合力，让转化后进生这项工作更加有效，这需要从学校层面做好顶层设计，出台一系列的措施，精准建立各班各类型后进生台账，依托"明—究—定—巧—促"五环节转化法，"一生一策"，精准转化各类后进生，并做好转化的过程性及终极评价。这样班级慢慢风清气正，整个学校亦会良性发展。

总之，后进生的转化与班主任的业务水平、实践能力、模式创立、顶层推广密切相关。转化策略聚焦以上四个方面，相信定会切实助力"双减"，提质增效。

一语惊醒梦中人

平度市南村镇郭庄中学　张丽萍

这恐怕是一个我一生都不会忘记的电话。

那天是周一，上了一天的课再加上颈椎病犯了，晚上八点多钟我就迷迷糊糊睡着了。就在我刚入梦乡时，手机突然响了，我一看是一个本市的座机号码，但不熟悉，先接通了吧。这时电话那头传来一个很生硬但却很有力的声音："你是九年级×班的班主任张××吗？我是你班学生家长。"我忙问："有什么事吗？"对方说："今天上午第三节是你的语文课吗？你在课堂上威胁学生了？"听到这我有些紧张了。上午第三节我是上过语文，我的大脑在飞速地回忆：课上我领学生复习了一篇文言文，点拨、听写、训练……中考复习时间这么紧，哪里有闲工夫去威胁学生啊。我忙说："没有。"但电话那头却不容置疑地说："不可能，孩子说你今天上午上课威胁过他，你再好好想想，我们明天到校谈！"还没等我问学生的名字电话就被挂断了。

我有些六神无主。这可不是小事，那节课我真的没有威胁过学生啊。这是谁干的？难道是之前的20分钟班会课，我批评的那几个因贪玩而没写完周末作业的"差生"？但没写完该批呀，他们是"惯犯"，不批怎么给其他同学一个交代？难道是今天没穿校服挨批的那三个"问题女生"？她们的着装也太"离谱"了，再说她们之前参与打架，在班级内经常说脏话，甚至连家长都顶撞，这样的学生不该批吗？虽然我批评她们时很严厉，但也没有威胁她们的言论呀。我越想越生气：这肯定是班级中的"差生"对我教育的"报复"行为。我整天苦口婆心地教育他们，操那么多心，竟然换来这个结果！这些00后的孩子真是不知好歹！我得打电话查个水落石出！正当我胡思乱想时，那个电话又来了，我赶紧接通了，这时电话那头哈哈大笑："吓蒙了吧？没听出我是谁？"这

113

时我才如梦初醒，原来是一位平时不常通电话的同事的恶作剧。

此时我被这个冷幽默弄得睡意全无，我不断反思自己：为什么我的第一个念头是怀疑这类学生？我对学生的言行尤其是对那些"差生"是否真的有效？盛怒之下的我为什么少了教育者的理智冷静和换位思考？我的心再也不能平静了。

冷静下来往事便如烟般浮现在脑海，在我的教学生涯中所带的班级也多次被评为"青岛市优秀班集体"，我也是许多学生心目中可敬可爱的"老班"，也有许多令我感动的"差生"：曾经的"打架大王"小舟，到我班后，因为我了解到他母亲两次再婚且现在常年外地打工只能跟七十多岁的姥姥姥爷生活的特殊背景，处处维护他的自尊心，我经常在他的作业本中写一些激励性的话语，鼓励他在班级中重新树立自己的形象，做同学们都佩服的"大哥哥"。那次他因为自己小姨家的妹妹被欺负，而和别人大打出手，晚上十点多我又从家来到学校和管理宿舍的老师共同处理他的事情，并联系他的姥姥、姥爷，处理完已经是晚上十一点多了。小舟因此对我心怀感激，曾在一副白色的套袖上面画了精美的图案送给我，而且还做了一首小诗：如果可以回忆，那一定是您的脸；如果可以诉说，那一定是您的眼。从来不曾觉得您是位严厉的师长，却常可体味到大姐姐一样的温暖。同事都很羡慕我，以为这么精致的套袖是从专卖店买的。他还帮我做了班里那几个调皮鬼的工作，使他们对我非常尊敬，而且毕业后都到职业学校去学技术。曾经被大家认为"缺心眼"的晓伟，因为我了解到他父母的婚姻是"换亲"的特殊背景，平时经常找他谈话，从谈话中我更加了解了他家的具体情况，他的父亲已年近五十，父母拼命打工攒钱，视他为"掌上明珠"。这个孩子因智力因素学习成绩不理想，但心地非常善良，我不但没有歧视他，发现他的闪光点就加以表扬鼓励，如作业写得特别认真，课堂发言非常积极，预习批注仔细，作文感情真挚等。在我的鼓励下，他很想学一门技术为父母争口气，后来他到平度技校去学焊接专业，发展很好，他多次回学校来看望我。

我又想起了那封撞击我心灵的没有署名的学生来信。信封上用钢笔画了一幅肖像，一个女子披着长发，戴着眼镜，一看就知画的是我，但比我要漂亮。教学经验丰富的于老师说："这个学生肯定特别喜欢你，崇拜你，把你的神韵都画出来了，不简单啊，这么重的信，肯定有文章。"我急匆匆拆开信封，想看看是谁，但我却很失望，没有署名。信中说他现在正在打工，但是因为我的语文课他爱上了写作，他觉得上学时我讲的许多东西对他很有启发，而且对当初不听我的劝告非常后悔。他现在不想虚度光阴，于是工作之余搞写作，但条件很差，又不能随时上网，只能用手写，所以不知道该如何下去，他感到彷徨，感到苦闷，但不想放弃，不想认输。最后寄上两篇自己的作品（一篇小小说和一篇诗歌）让我帮忙修改，并一再强调不必追查他到底是谁，他觉得现在没有勇气面对我。

我怀着激动的心情读着（更确切地说是欣赏）这两篇作品，当我读到"阳光灿烂地照射在路面盘踞的这片大地上，头顶郁葱的法国梧桐把我罩进一片阴凉中，向前延伸出一条年轻的富有青春活力的绿荫道，这世界似乎安静极了。微风轻轻地吹过我的脸颊，似乎要牵着我走近一个美丽的新天地……"时，我想到了郁达夫的《春风沉醉的晚上》，我仿佛看到一个文学青年忽而踌躇满志，忽而攥紧拳头，眉头紧缩，疾笔挥洒……我的心里充满了激动欣慰与惭愧，我按照信封上的地址给他回了信。

上初中还尿裤子的小南，随班就读的小西，一个个鲜活的面孔在我的脑海中随着年历不断地转换。是啊，爱一个学生就等于塑造一个学生，而厌弃一个学生无异于毁掉一个学生。毁掉一个学生不仅仅是家庭的悲哀，也等于给社会埋下了一颗定时炸弹，一旦爆炸，除了自身的毁灭，还会殃及别人。一个鸡蛋从外打破是食物，而从内打破是生命。要改变这些学生，靠简单的说教不可能从根本上解决问题，必须用自己的心灵开启孩子们的心灵，用自己的生命润泽孩子们的生命，把和谐的种子播撒在他们的心田，达到润物无声、春风化雨的育人境界，在静等花开中收获教育的憧憬。如果说对优秀的学生的教育是锦上添花，那么对"差生"的锻造，就是雪中送炭、救人之火。

我们对待这些"差生"在学习成绩和综合评定上，有时是不是"一刀切"？当看着他们考试卷子上可怜的分数时，当面对他们犯小错误时，我们是不是保持了教育者的理智与冷静？是不是因为一两次的谈话没有效果就对他们失去信心，认为他们"无可救药"？再差的学生也有闪光点，也有值得肯定的地方，"教""学"相长，"教""育"相生。陶老的忠告响在耳畔：你的教鞭下有瓦特，你的冷眼中有牛顿，你的讥笑中有爱迪生。作为一名教师，我们没有任何理由放弃一个学生，要"因材施教"，采取"分层比较法"和"特长分类法"，打破以往那种只在学习成绩上实行单一的"好中选优""优中拔尖"的横比模式，要坚信相信的力量！坚信每一个学生都是某一方面的可塑之才，坚信每一个学生都可以在某一方面取得成功，坚信每一个孩子都拥有丰富的心灵和巨大的潜能。身为教育者要能够唤醒他们，让孩子从蒙昧中醒来，树立起"天生我才必有用"的信念，尤其是农村的孩子，"唤醒"心灵，就开启了孩子的一扇大门。

不是所有的学生都必须成为参天大树，做一棵默默无闻的小草也一样可以奉献一片绿色，一样可以充盈春天；不是所有学生都能考上名牌大学成名成家，他们更多的是一个平凡的人，但无论他是与土地打交道的农民，还是埋头在工厂做工的工人，无论他是一个小商贩还是一名打工仔，只要他遵纪守法，勤劳付出，积极向上，作为老师都应该为之骄傲，还有什么比培养出一个对社会有用的人更有价值呢！只要我们用高尚的人格塑造学生美好的心灵，用丰富的学识开启孩子们智慧的大门，我想我们定能"得差生"。

夜又恢复了宁静，皎洁的月光洒在窗前，我的心也变得更加清明澄澈了。感谢那夜，那电话，让我如梦初醒，这真是：柳绿花红三月天，深夜电话我无眠。重审教坛看学子，差与不差两重天！

转过身 看见柳暗花明

青岛市中心聋校 耿晓丽

每个人都有两个重要的世界——情感世界与智慧世界。一个人是否幸福，是否快乐，在很大程度上取决于满足这两个世界的情况。教师亦是如此。而这两个世界又是互相影响的，在情感世界，如果我们的老师能够真正地把爱心给所有的孩子，真正地用心对待自己的每一次讲课、每一次与学生的沟通，他一定会感受教育的乐趣、体验教育的幸福。同时，在智慧世界，他也一定会找到"把发现留给学生"的办法，让学生每一天都在期待和惊喜中度过。

2017年上半年，在学校的安排下，我担任九年级两个班和高中预科班的英语教师。接到这个任务后，我深知自己身上的担子不轻，本来英语学习对于既不能听也不能说的听障学生来说就存在很大的困难，而这三个班要参加学期末的中考，以选拔出成绩优秀的学生进入高中学习，压力备增。因此，我不敢懈怠，在拿到学生名单之后，第一时间找到班主任了解每一个学生的个人资料和英语学习成绩，准备找出他们的共性与差异性，结合早已烂熟于心的教材提前做好这二个班的备课工作。通过一连几天的分析，我发现九年级二班是块"硬骨头"，这个班的英语学习两极分化十分严重，学生惰性大，还有几个"特殊"学生（英语更是"瘸腿"），上课的纪律也一直不是很好。

面对这样的学情，虽有压力，我也硬着头皮迎难而上。初三是个极其重要的时期，面对即将到来的中考，学生学习压力很大，情绪上易烦躁，且对于英语长期"瘸腿"的学生来说，想在这个时期有较大幅度的提分是不容易的。这些问题就像一道道关口拦在面前，我深深了解这些学情，在备课时充分考虑到学生的基础、上课的氛围，设计了一些轻松的情境将知识点融入其中，期望能

117

帮助更多的同学顺利地冲破中考的关卡升入高中。就在我朝着目标举步维艰地行进时，我担心的问题还是出现了。

下午的第一节英语课，我像往常一样在课前拿出五分钟的时间进行重要知识点的默写。在默写的过程中，我发现班里除了课代表楠楠外，剩下的学生本子上几乎是空白的。我不免有些生气。心想：这些都是我重点强调的知识点啊，是我前一个晚上花几个小时在网上查了多少资料为你们筛检总结出来的，你们竟然这么不重视英语学习，不仅对自己不负责任，也不尊重我的劳动，太过分了！看着这些空白的本子我不禁又着急又生气，必须想办法改变这种情况！我迅速调整思绪，开始新课的学习。刚转身在黑板上写标题，就听到下面学生的笑声。我回过身，发现小宇正和同桌正聊得起劲。我用严厉的目光制止他们：上课了，不准说话了！他朝我一笑，低下头去。没过多久，我在板书的时候又听到下面"嘿嘿"的笑声，回头一看，又是小宇，正乐滋滋地和后面的同学比画着。我又一次提醒他："这是上课，不准随便说话，有事课下说！"他又笑了，一只手里玩着笔，头还不停地摇晃着，似乎在向我挑衅。为了不影响其他学生的学习，我没有搭理他，继续讲课。不一会儿，我在板书的时候再一次听到了下面的笑声并伴有椅子的吱嘎声，我迅速转过头来一看，又是这个小宇，他看到我朝他瞪去，马上用一种轻蔑的、漫不经心的眼神来回瞪我。本来我还是可以控制住自己的情绪的，可在与那轻蔑的眼神对视的那一刻，我实在是忍不住了，厉声地说："小宇，你再这样在课堂上说笑，影响同学们上课，就出去！"没想到他还真的起身离开了教室，仍是那一副不屑的样子，走时还把英语书扔在了地上。我本想阻拦，但心里仍是气不过，随口补了一句道"走了之后，就不要再回来上英语课了。"他还是走了。这时，学生巧巧打着手语说："老师，你别生气，他就是头牛，脾气倔。"看着他潇洒离去的背影，我只好以苦笑来掩饰自己的尴尬。

我想继续上课，可不免担心起来：他本是一个"特殊"孩子，所以才会有一副不屑的神情，连与老师顶撞也毫不在乎。虽然在上课期间我们学校的大门是关闭的，但要是他偷着溜出学校，在外面发生点什么事可怎么办？想到这儿，我赶紧叫班长跟过去看看，并通知班主任。

我继续上课，好不容易熬到下课。班主任来告诉我："他没事，在走廊上和同学聊天呢。你不用担心他，他有病，脑子不是很清楚，过两天就好了。刚转来的时候和我不知道顶撞过多少次呢。您可别生气，大病初愈别再伤着身体呢。我找时间批评教育他。"

班主任安慰的话语让我的心情平静了下来。其实我之前身体一直不好，为了不耽误学生，一直拖到假期才做手术，手术之后休息了不到两周就开学了，我知道当时只有两位专业的英语老师，为了不让学校为难，我没有跟学校再请假就直接上班了。虽然我在强撑工作，但我也知道这件事如果处理不好，可能会影响到这个同学甚至整个班级以后的英语学习。在开学初研究学生资料时，我发现小宇虽然脾气暴躁，但他的人缘不错，在同学中也有几位好朋友，其中就包括一些英语学习好的尖子生。于是，我在课后找到了与他关系最好的那位同学，希望他能从中斡旋，首先请他向小宇转达我的歉意，课堂上我在气头上，说了气话，那并不是我的真心话。然后向他表明我是真心希望小宇能够学好英语的，别让英语成为他中考的绊脚石，课堂上发脾气也是在为他着急，请他告诉小宇我希望他能继续回来上英语课。同时发动班里的好学生给他做思想工作，让他别放弃英语学习，凭着现在的成绩再加把劲考上高中没问题。同学都向我保证："老师，没问题的。"我这颗心也稍稍放下了一点。

第二天上课的时候，我看见小宇已经坐在他的位子上，深深松了一口气。上课前，我告诉同学们，在初三下这个重要的时期我拖着病体给大家上课对我来说也是有压力的，但我相信经过我们共同的努力一定会有收获的！不管是现在成绩差的还是成绩好的，我希望能与每一名学生同舟共济，一起把英语成绩搞上去。我说："不管大家以后的学习态度如何，我都会尽己之力，努力帮大家提高英语水平，争取在中考考取一个好成绩。"这时，小宇忽然站了起来向我鞠了一躬，说："老师，对不起，我知道错了，我以后会认真听课的。"他的反应让我觉得有点突然，也许是他知道了我的情况，也许是他的好友从中斡旋起到了作用，不管怎样，他的态度让我感动，随即对其报以真诚的微笑，说道"老师接受你的道歉，但老师在这件事的处理上也有不对的地方，在这儿老师也跟你说声对不起，希望我们大家以后一起努力，把我们班的英语提高上去。"我的话音刚落，不知是谁带头鼓起掌来，班里响起热烈的掌声，小宇鼓得最使劲。我知道这只出走的小羊回来了。

之后的英语课上，小宇都能够认真听讲，作业也能按时保质地完成。没想到在小宇的问题解决之后，他们班其他英语学习问题也都不攻自破了。在他的影响下，那几个以前一直爱调皮捣蛋的孩子也变得认真起来，在大家的共同努力下，这个班的英语有了不小的进步，小宇也以全班第一的英语成绩顺利考上了高中。

在师生活动中，老师和学生发生冲突是在所难免的事情，教师有时一种不冷静的言行可能会给学生学习和以后的工作带来不利后果。这件事情让我认识到，教师与学生最好的处事原则是坦诚对话，真诚面对。这需要教师的一份能与学生心灵沟通的真心，需要教师学会退步、学会聆听、学会尊重，只要能够放下教师的"师道尊严"，在问题发生后能正视自身的错误，及时设法挽回，可能会有峰回路转、柳暗花明的惊喜。

智慧课堂

　　科学的教育离不开教育的科学。教育发展到了今天，教师有目的、有计划、有系统地采用科学的方法去认识教育科研现象，探索教育规律的教育科学研究，已成为深化教育改革、促进教育发展的最重要的力量之一。教科研对教师而言是"无用之用"，它是一种隐性的存在，但却是关键的存在。从教育事业长远发展来看，培养更多的科研型教师是促进教育可持续发展的"大用之用"。苏霍姆林斯基说过："如果你想让教师的劳动能够给教师带来乐趣，使天天上课不至于变成一种单调乏味的义务，那你就应当引导每一位教师走到从事教育科研这条幸福的道路上来。"

直播课堂　悦动发展

青岛嘉峪关学校　贺　芳

一、研究背景

在互联网时代背景下，课堂也在悄然发生着变化，信息技术在影响课堂教学的同时也影响着区域教师的研究理念。传统的教学研究模式的确存在着不可替代的优势和作用，但信息技术的发展也的确可以打破时空界限、缩短实地距离，真正实现区域与区域联动，教师专业发展的互补交融。

五地连线同上一节课，对我来说是一次大胆创新和超越，也是借助网络资源进行悦动课堂实验的一次有意义的突破。借助直播课堂探索教育教学新模式，探究教师专业发展新样态，最大化地将优质教育资源共享，达到教育双赢乃至多赢。

因此，我们尝试了借助直播课堂开展特色互助的课堂教学及教师研修活动，即由青岛嘉峪关学校和安顺、日喀则、陇南、菏泽的学校组成研修共同体，开展小学语文五年级特色课程综合性学习活动——《夸夸我家乡》。

二、现状分析

五个地区的学生在地域文化、学习、生活等方面都存在着一定程度的差异，学生由于教材版本、教学进度不同，知识能力存在一定的地域差异，阅读教学课例显然很难能够在五地同时延展开。

考虑到选题既要凸显语文学习的特点，更要激发学生的学习兴趣，让每个地域的学生都有研究、表达和展示的欲望。而从教研的实效和需求等角度出发，"综合性学习"这一板块内容经常被老师忽略，或者以读代讲、以读代练。如何带领学生进行一次全面有效的综合性学习活动，是其他地域老师渴望学习和交流碰撞的。基于以上考虑，我们将本次同研共修的内容确定为语文综合性学习活动——《夸夸我家乡》。

三、设计实施

（一）深度思维悦动——定目标

我希望能够借助这次机会，不仅达到青岛教育资源共享的目的，也能真正呈现出一堂五地师生共上一节课的不一样的悦动课堂。

为了体现新课标思想，也为了呈现出我们的研究思考内容，当确定了本次为"语文综合性学习"课以后，我首先在课题选择上进行了思考：五个地区的孩子在地域文化、学习、生活等方方面面都存在着一定程度的差异，选题既要凸显语文学习的特点，更要激发学生学习的兴趣，让每个地区的孩子都有研究、表达和展示的欲望，经过互动交流，我们最终确定了"夸夸我家乡"这一主题。对每个孩子而言都有自己的家乡，而通过综合性学习的研究，对各自家乡能有更深入、更全面的了解，从而增强他们对家乡、对祖国的热爱之情，也正好和我们组织这次五地同上共研、教育共享的初衷相吻合。

结合前期区片教研中对这一课型的研究经验，以及我们学校几年来一直开展的"童行途中"研究性学习活动中积累的经验，我们语文磨课团队很快便确立了围绕此次综合性学习活动的教学目标：

> 1. 观察家乡，选取家乡有特色的一个方面，抓住特点，有目的地搜集、整理资料。
> 2. 运用多种方式（如书面或口头方式等），多角度介绍家乡，感受家乡美，表达赞美和喜爱之情。
> 3. 和同伴一起经历准备、交流、展示的过程，感受合作的快乐。

（二）网络集备互动——研流程

为了更好地达成教学目标，让学生在这一主题下有效开展此次研究性学习，五地的语文教师通过"微信研讨群"开展多次线上研讨和集备活动。

1. 第一次研讨

第一次研讨，大家各抒己见。"综合性学习对我们来说的确比较薄弱，以前都是一带而过""我们确实没有经验，这样的课该怎样去引导学生研究呢？有没有现成的学案等可以帮助学生明确任务"，其他四地的老师道出了教学中的困惑和顾虑。

学生没有经历过这种研究，老师没上过这种课，这种课该如何上？市教研员崔志钢老师组织青岛教师团队展开了一次专题教研，针对综合性学习的困惑，做了概念应用、研究方法、实施策略等方面的培训指导，进一步明确了综合性学习是语文的五大基础课型之一，建议充分利用这次研修契机，把研究性学习的方法、步骤以及经验等，分享给其他地区教师，让教育资源的共享变无为有，变有为精。

2. 第二次研讨

第二次研讨，共同体教师确定了整体上课模式：青岛教师作为五地课题主要执教人，其他四地的教师协助课堂活动。模式确定后，共同体教师又进一步制定了教案打磨、学生研究性学习活动的前期准备以及试讲等安排，在时间节点上进行了细致规划。

时间节点确定后，青岛嘉峪关学校的贺芳老师围绕"夸夸我家乡"这一主题，初步将教学设计分为"课前互动介绍""家乡连连看游戏""汇报展示交流"（交流主题："家乡景点""家乡美食""家乡风俗""家乡话"）三个板块内容。

在群里教研时，老师对于围绕家乡展开交流的话题产生了分歧，认为关于家乡介绍的几个主题并不能很好地适用于其他几个地区，如"家乡景点""家乡美食"，有的老师反映自己所在地区没有很好的展示点。另外，"家乡连连看游戏"环节是让学生通过连连看游戏来熟悉五地的特色，但老师反映这一环节学生不了解其他地方的特点，经过调整，改为"我为家乡来代言"。

于是，五地的老师又进行了设计思路的调整，将"汇报展示交流"环节更改为各自最具特色的地域特点展示。如：菏泽地区选择牡丹花卉；安顺地区采用地方言；陇南地区展示介绍当地美食；西藏地区则通过民族服饰来展现地域特色；青岛地区将学生分为六个小组，进行家乡风景、美食、名人、建筑等子课题研究作为家乡特色的展示。

3. 第三次研讨

进行备课打磨，四地的老师最为困惑的就是如何组织学生进行研究性学习，因此，青岛地区在试讲中将带领学生展开研究性学习的过程，将环节和进展分享给其他地域老师。同时将研究话题选择、小组子课题选择、小组成员分工以及展示汇报的形式等研究性学习中呈现的策略和方式，借助图片、文字传递给他们，我还将学校前期开展的综合性学习课例进行了分享。

一次次的沟通，一次次的交流，老师从课型特点到学情分析，从家乡地域文化到展示形式选择，一次次碰撞使思路越来越清晰，对课前准备、课堂整体设计、教学流程等环节也越来越明晰。在集备思路的引导下，五地的学生结合自己家乡最有特色的一个方面分别确定了综合性学习研究的主题，如家乡的景点、风俗、节日、美食、文化等。五地教师依据研究主题，将学生按照4～6人组成一个合作学习小组，下发"预学单"作为课前研究性活动的学习支架。小组成员围绕选取的研究主题，通过实地考察，搜集、筛选和整理资料等方法，从不同的角度研究地方特点，解决研究中的问题，为课堂展示做好准备。

4.连线试讲

学生经过三天的综合性学习后，五地进行了第一次连线试讲。终于要在课堂见面了，也终于可以把自己的研究成果展示给大家，老师和同学都异常兴奋。试讲环节整体较为流畅，但在展示的过程中，也呈现出时间把握不够均衡、四地学生汇报展示形式单一等问题。为了更好地展现此次综合性学习活动成果，五地教师在青岛市区教研员的引领下再次梳理思路，突出在课堂上把综合性学习活动的研究过程进行梳理，希望借助课堂给共同体教师提供研修借鉴和方法引领。试讲过后，五地的老师结合试讲情况相互建议，完善思路。经过再次的线上教研，整节课的设计思路更具体、细致，课堂展示活动也更有信心。

时间紧任务重，但几位老师精益求精、严谨治学的态度彼此相互激励着，我们素未谋面的几个语文老师在小小的网络平台上互动集备、研讨，劲头十足，多日来，线上教研成了我们的常态。

（三）课堂多维悦动——巧展示

课堂上，我们依据五地网络同步上课的特点，并依据交流策略，确定了课堂上课的四个步骤，进行了巧妙的展示，并在组内互动、组间互动、班级间互动中实现学生的发展。

板块一：课前互动，师生初相识。

五地班级间互动，按照安顺—日喀则—陇南—菏泽—青岛顺序进行展示。围绕学校、个人及班级进行简要介绍。

板块二：代言展示，真情系家乡。

五地学生进行"我为家乡代言"的30秒互动展示。安顺，重点展示地方戏——形式为花灯片段表演。日喀则，进行歌唱加语言介绍。陇南，快板展示。菏泽，进行口号展示。青岛，合作表演旗语操。

板块三：小组汇报，展示家乡美。

各地依次进行小组展示。青岛，"漫步黄金海岸线"——围绕海岸线主要景点介绍家乡。安顺，地方戏展示家乡美。日喀则，民族服饰加歌舞介绍家乡特色。陇南，洋芋搅团现场制作加介绍展示美食。菏泽，菏泽牡丹图，图版加学生介绍展示。展示交流时，各小组围绕研究主题，从多个角度，运用多种形式，如研究报告、手抄报、图片、课件、视频等，进行汇报展示研究的成果。围绕家乡，每个地区的同学们在老师带领下都展开了深入研究，大家窥一斑而知全豹，从互相的展示中有了更多更深的了解，各美其美，大美中国。

板块四：布置作业，讴歌家乡美。

五地学生互动交流此次综合性学习活动的收获，老师进行课堂总结。课后大家可以把对家乡、对祖国的赞美画下来、写下来、唱出来。

综合性学习不仅仅是形式上的展出，也是一个听、说、读、写的完整过程，"夸夸我家乡"这一主题能够引导学生充分挖掘各自家乡的地域资源，体现各地学生所在家乡的独特之美。

课后大家相互进行了评课。研究就是一种探索，一种思考，一种改变，老师们精彩的互评和指正让彼此获益良多。

我们利用现代化信息技术手段，突破了时空界限，实现了课堂上五地学习共同体更多维度的有效互动，通过班内生生互动—班内组组互动—班间生生互动、组间互动—五地间师、生互动等，呈现了不一样的悦动课堂。

基于实践力素养培育的初中地理研学课程资源建设实践探索

——以青岛老城半径内为例

青岛市市北区教育研究发展中心　姜　黎

"道有夷险，履之者知；物有甘苦，尝之者识。"研学旅行最早源于古时"游学"。孔子"周游列国，杏林设坛"，李白"南穷苍梧，东涉溟海"。徐霞客"达人所之未达，探人所之未知，并有游记"。古人通过"游学"增长见识、锤炼意志。近代教育家严复说："大抵少年能以出游观光山水名胜古迹为乐，乃极佳事。"

近年来，随着地理学科核心素养研究成果的提出和"双减"政策的发布，地理研学作为实践力素养培育的重要途径，关注度逐年升高。2016年教育部等11部门联合发布《关于推进中小学研学旅行的意见》，提出研学旅行具有集体性、研究性、体验性、跨学科等性质。国务院、教育部、旅游局等政府部门陆续出台文件支持研学旅行。通过CNKI数据库检索发现，以"地理研学旅行"为关键词的文献数量达1203篇，近几年数据呈暴增趋势，相关研究结果主要发表于《中学地理教学参考》《地理教学》《地理教育》等期刊。近年来，　些师范类大学也在持续关注这个教育研究主题，研究层次集中于开发研究与应用研究。

一、地理研学课程资源建设的价值体现

《义务教育地理课程标准（2011年版）》说明了地理学科的实践性，明确应构建开放的课堂，重视校内外课程资源的开发利用，拓展学习空间，注重多样的学习方式。《高中地理课程标准（2017版）》对地理实践力进行了明确的

表述："地理实践力是指人们在考察、实验和调查等地理实践活动中所具备的意志品质和行动能力。"户外考察、实验、社会调查等是地理学重要的研究方法，也是地理课程重要的学习方式。地理研学有助于提升学生的行动意识和行动能力，更好地在真实情境中观察、感悟、理解地理环境及其与人类活动的关系，增强社会责任感。

二、地理研学课程资源建设的实践探索

教育性、安全性、实践性、公益性是研学旅行活动的基本原则，义务教育阶段要求开发县域内资源，因此开发研学课程资源是学生提升地理实践力素养的重要途径之一。

（一）乡土地理蕴含丰富的研学课程资源

以青岛广雅中学为例，学校基于乡土地理开展系列课程资源的搭建和实践应用研究，建构"广行雅知"的特色课程。

学校位于四方老城区重要的枢纽位置，地理研学资源非常丰富。门前临海泊河，距离河流入海口步行仅需15分钟，可在闸口看潮涨潮落，观船捕鱼，也可使用工具简单检测水质，去旁边的青岛市污水处理厂了解污水处理流程；一河之隔的青岛港濒临黄海，有着悠久的历史，是山东省重要的国际贸易口岸和中转枢纽；百米之隔是青岛市党史纪念馆，几站之隔是引领中国高速动车组技术潮流的轨道交通运输业龙头——中车青岛四方机厂，学生每天上学穿行于胶济线铁路桥下，在校可闻青岛港邮轮进港的汽笛声。公交几站之地有老城区的气象台、观象山、中山路、总督楼等，都是半天内（4课时）可完成的行程，地理研学资源十分丰富。因此，该校开发的常用研学课程资源主要来自青岛老城半径，学生通过研学学习乡土地理，既培养了地理实践力，又增强了家国情怀。

（二）依托乡土地理开展研学实践案例

基于与教材对接，与课本印证的原则开发系列研学课程资源，以"气象台—观象山路线"为例。本案例主要从研学场域描述、目标制定、准备工作、开展过程、评价思考五个方面进行。

"乘大地冬风，观世界冷暖"——青岛市气象台+观象山研学路线

1. 研学场域描述

（1）基本概况：青岛市气象台（图1）为国家基本站，建于1959年7月。筹建时在青岛东郊的小麦岛，1960年迁入市区的伏龙山北端。该台的地理位置为北纬36°04′、东经120°20′。

图1　青岛市气象台

气象观测场的海拔高度为76米。气压表水银槽高度为77.2米。磁差为−4°50′。青岛市气象台负责青岛市区、青岛近海、渤海海峡、山东北部沿海、黄海北部、山东半岛、山东南部沿海、黄海中部等陆海区域的天气预报制作和发布。青岛市气象台的预报服务工作，以海上气象服务为重点，同时兼顾做好城市和农业气象服务。

图2　中华人民共和国水准原点

青岛观象山公园位于观象二路15号，南临观象一路，东邻观象二路，西与禹城路相邻，占地面积约6.3万平方米。皇家青岛观象台、天文圆顶屋、中华人民共和国水准原点（图2）、万国经度测量碑地磁房等都位于此地，是中国最早的气象学会诞生地。园内山上植被条件较好，有大片杂木林。

（2）选择依据：从地理视角观察、描述研学点，融合PBL，提炼主要研学任务（表1）。

表1　研学点的选择依据与任务分解

	气象台	观象山
地理视角	1.气象探测设备认识及使用 2.天气预报及专业气象预报制作 3.青岛市气候概况 4.人工影响天气、防灾减灾	1.万国经度纪念碑，实测经纬度 2.中华人民共和国水准原点 3.天文圆顶屋"穹台窥象" 4.地标建筑望火楼、周边聚落选址与地形的关系 5.典型植被及南北坡差异 6.裸露岩石样本采集分析 7.等高线地形图、标志性地理事物位置绘制
研学任务	项目一：体验气象主播：体验气象播报，写一段气象播报词 项目二：了解气象会商：了解青岛气候概况 项目三：认识气象设施，了解防灾减灾知识	项目一：体会"穹台窥象"意境，测量当地地理经纬度，寻找正北方向，绘制指向标；找到表示日影观测石球，记录观测时间 项目二：发现望火楼、聚落选址与地形的关系 项目三：观察植被类型、分布、制作标本 项目四：观察岩石成分，简单了解成岩过程 项目五：寻找水准原点，绘制最佳行走路线、观象山部分等高线地形图

2.研学目标制定

（1）研学目标设计的理论基础

地理核心素养：地理实践力、区域认知、综合思维和人地协调观（《义务教育地理课程标准（2011年版）》）。

（2）研学目标制定（以观象山为例，见表2）

表2 研学目标制定

研学目标	核心素养	义务教育地理课程标准
1. 根据需要选择常用的电子地图和APP，查找所需地理信息，绘制观象山等高线地形图及最佳行走路线，并标注重要地理事物	地理实践力	根据需要选择常用地图，查找地理信息，养成在日常生活中使用地图的习惯
2. 参加科普学习、赏月、观星、观看太阳活动和九大行星等天体，体会"穹台窥象"的意境，找到万国经度纪念碑，实地测量经纬度；找到中华人民共和国水准原点		运用已获得的地理基本概念和地理基本原理，对地理事物和现象进行分析，作出判断
3. 找到老青岛地标建筑望火楼，居高望远，观察望火楼、周边聚落选址与地形之间的关系	区域认知 综合思维 人地协调观	举例说出聚落与自然环境的关系。懂得保护世界文化遗产的意义
4. 使用形色APP观察认识观象山典型植被，小组合作制作植物标本，认识南北坡自然景观差异	地理实践力 区域认知	具有创新意识和实践能力，善于发现地理问题，收集相关信息，运用有关知识和方法，提出解决问题的设想
5. 观察山体裸露岩石成分，了解成岩过程		
6. 通过了解家乡的自然环境和城市历史变迁，增长知识、开阔视野、提升核心素养，增强爱祖国、爱家乡的情感	人地协调观	关心家乡的环境与发展，增强热爱家乡、热爱祖国的情感

3. 研学准备工作

教师搜集查找资料，深入了解研学场域的学科视角；联系专家或教师，匹配前置课程；提前现场考查研学路线、点，统筹兼顾制订研学方案，并针对方案组织家长和学生填写调查问卷；整合学科资源，寻找合作机构，明确责权；制定安全预案和应急预案；制定研学手册，提前发给学生，并做好随行人员研学培训。

学生培养安全意识：熟悉乘坐车辆牌号、带队老师及联系方式、带好常用药物、身份证，穿好符合天气状况的衣物和鞋子，带好水杯雨具等；培养学习意识：带好笔、手机、相机、研学手册、测量工具等，积极参与组内活动，及时记录、体验、质疑、实践等；培养团队意识：小组组建、互助合作、荣誉感等；注意品格养成：有序、友善、守时、责任感。

4.研学开展过程

以气象台匹配课程为例：

（1）途中课程：地理、历史老师讲解青岛观象山的基本信息，历史沿革。

（2）场域课程。

①项目一：体验气象主播。

进入气象预报演播室，体验一把当气象主播。播报员精炼的表述，准确的数据，温馨的提示，请你认真聆听。请根据当天的气象情况，写一段气象播报词吧！

②项目二：了解气象会商。

进入气象会商大厅，了解青岛气候概况，气象意义上的春夏秋冬是从什么时间开始的？青岛主要气象灾害有哪些？怎样获取最及时最权威的气象信息？下载"青岛气象"APP。收集、记录你获取的信息（文字、图片、视频等）。

③项目三：认识气象设施，了解防灾减灾知识。

参观青岛市气象探测仪器、了解专业气象台影视制作、人工影响天气原理、设备等，还可近距离参观气象应急指挥车、移动风廓线雷达、移动X波段天气雷达等现代化气象探测设施，与气象专家交流气象预报服务以及防灾减灾知识。收集、记录你获取的信息（文字、图片、视频等）。

（3）后置课程：感想、作品、标本、样本等收集成册，研学过程点评和反思，下一次研学愿望调查问卷等。

5.研学评价

在研学过程中，为了保证研学质量，制定研学评价表如下（表3）：

表3 研学过程评价量表

评价项目	评价等级及标准			自评	组评	师评
	A（10—9分）	B（8—7分）	C（6分及以下）			
研学参与	积极参与，能较好地完成任务。	积极参与，基本能完成任务。	不能完成任务，或完成任务质量差。			
团队合作	在小组中起领导作用，主动帮助同学，提出合理化建议。	协调推动小组工作，鼓励成员，对小组学习有贡献。	参与小组学习活动，不积极，经常做旁观者。			
安全纪律	安全意识强，注意安全，不脱离集体活动，遵纪守时。	安全意识强，不脱集体活动，遵纪守时。	经常需提醒注意安全，脱离小组单独活动，不守时。			
任务完成	开展过程科学，结论明确，数据真实，内容完整。	开展过程合理，数据基本齐全，有结论。	开展过程不清晰，结论不明确，数据记录不全。			
反思感悟	认真总结，研学报告质量高。	记录研学所感，有所收获。	应付，感悟反思不深刻。			

三、结语

地理研学课程设计基本流程一般从研读课标、解析教材开始，而后整合资源精准选点，匹配课程。学生课程分为前置学习、研学实践、物化成果、综合评价。研学课程资源开发既要多学科融合，还要体现地理学科特色，地理老师应开发地理味浓的课程资源。

基于乡土地理建设研学课程资源，设计与实施研学课程，让学生在行走中以地理的视角认识和欣赏我们生存的世界，提升了生活品位和精神体验层次。地理研学课程发生在陌生、复杂的生活生产情境之中，"行前有课题""行中有记录""行后有总结"让行走课程意义非凡。地理研学课程充分体现了"TRUE"教学理念：思维（Thinking）、真实（Reality）、应用（Use）、体验（Experience）四大核心元素融合，相互影响、相互制约、相互促进，达成"真"的地理教育和"真"的品格教育。

测量中的争执

青岛市李沧区奇峰路幼儿园　王　艳

　　大班科学区里吵吵闹闹，远远望过去，有三四位小朋友围着子萱、瑶瑶和涵涵三个人在讨论着什么。走近一看，子萱和瑶瑶每人手里拿着一根毛根，都嘟着嘴不太高兴。子萱说："我测量得很仔细，床的长边就是5个毛根再加半根毛根这么长。"瑶瑶也咕哝道："反正我测的就是4个毛根那么长。"涵涵拿着笔，看看子萱和瑶瑶，不知道该记哪个数。他停了停，好像想起了什么，又问道："那你们俩的毛根是一样长吗？"两人听后捋直毛根，将两根毛根对齐了进行比较。"一样长。""真的一样长。""那为什么测量的结果会不一样？"围观的小朋友议论道。

　　孩子的实际表现证明，他们已经充分掌握了直与弯曲的概念，也就是说，孩子们对于自然测量的基本方法已经掌握了。

　　这时候，涵涵抬起头，正好看到我，便问："王老师，子萱和瑶瑶都用毛根测量的床边，可是结果不一样，这样的结果怎么记录啊？"我看看围观的小朋友，装作"犯愁"的样子，说道："就是，那怎么办呢？"把问题又抛给了围观的小朋友。贺贺皱着眉头疑惑道："刚才也比较了，两根毛根都是一样长，为什么结果会不一样呢？"文文建议："让她俩再重新测量一遍呗。"我点了点头："这是个不错的主意！"有时候越是"没主意"的老师越容易给孩子创造深度学习的机会。

　　瑶瑶自信满满地说："我先来。"她拿着手里的毛根，走到床边，面向床的长边站好。只见她两手大拇指和食指捏住毛根的两端，以床的左边边缘处为起点，将毛根摁在床边上，目测了大约的位置后再将两手同时抬起，大约找到刚才的毛根测量的终点处，行进式地用手中的毛根测量了4次，在离床的终点边框还差三四厘米处停下了，说："看，我说是4个毛根这么长吧！"

涵涵说道："子萱该你了。"只见子萱用两手食指和拇指捏住捋直了的毛根，沿着床左边的起点用手中的毛根进行测量，右手保持不动，摁在边框上的左手抬起，用左手大拇指按住了右手位置的毛根，又用右手的食指在测量的终点处用指甲来回划动了几下，床框上立刻出现了一个浅浅的划痕。她再用双手重新捏住毛根的两头，将划痕处作为新的起点，继续往下测量。边测量边数着数："1、2、3、4、5。"就这样，她一共测了5根的毛根长度，到第6下时，床边的终点正好到毛根的一半处。她抬头说："我刚才量了5下，这不再加上这一半，正好是5根半毛根吗？"

很显然，瑶瑶的测量方法是不准确的，她在移动毛根时没有做到首尾相接，而子萱的测量方法更为规范，在移动毛根时，她采用指甲刻划痕的方法，真正实现了首尾相接，最后的数据更为准确。

记录员涵涵这次看清楚了她俩的测量过程，说道："我觉得子萱测量得准确，她每次都用手往床边上划几下，再从划上标记的地方开始测量。"围观的文文也说："瑶瑶没有做上标记，我看她刚才量到第三下时有这么一大块没量上。"说着他还用拇指和食指比出了三四厘米的距离给大家看。再看看瑶瑶，她好像有点不好意思了。我问她："你觉得小朋友说的对吗？"她点点头。我鼓励她说："子萱用了做标记的方法让自己的测量更准确，你也来想一个能让自己的测量更准确的办法，好吗？"

瑶瑶点点头。她深锁眉头思考了大约一分钟的时间，说："我想请贺贺帮帮忙，和我一起来测量。"贺贺高兴地同意了，瑶瑶又从筐子里拿了一根毛根递给贺贺说："咱俩一起用毛根来接力测量吧？"贺贺问："什么叫接力测量？""就是我先来用毛根测量，你拿毛根接在我的这边"。她一边说着，一边伸出了自己的右手晃了晃。从贺贺犹豫的表情中，可以看出，他还是不明白什么叫"接力测量"。但他仍然和瑶瑶两人一起来到床边，瑶瑶先从起点将直毛根测量起来，双手摁住毛根招呼贺贺："接过来，你的毛根接过来。"贺贺这才明白了她的用意，赶紧用手上的毛根接上测量了起来。文文赞叹道："原来还可以这样测量，这个方法真有趣！"就这样，两人交替接力正好测量了5根半毛根。涵涵说："这样结果不就一样啦！"边说边把结果记录在了表上。

从瑶瑶创新的测量方法上，我们看到了她强烈的探究热情和积极性。与同伴合作测量，寻求不一样的测量方式，更是让我们感受到她"积极主动、不怕困难、敢于探索和尝试"的良好学习品质。

瑶瑶的测量新方法激起了围观的小朋友的兴趣。他们纷纷拿起毛线、铅笔、长条筐等材料，三两一组，在教室里寻找新的被测物体，体验新测量方法带来的惊喜。

在探究的过程中，幼儿表现出了良好的合作、解决问题的能力，他们不断创新测量的方法，大胆利用各种测量工具，让测量方法变化无穷，越来越有趣，越来越有挑战。

反思与策略

1. 自然测量的核心是测量工具与测量方法的有机统一

幼儿在生活中可能很少接触到测量，所以他们很难总结出用"首尾相连"的方式进行测量。但是，有了自己的直接感知、亲身体验和实际操作后，"做标记""接力"这些孩子们自己的探究方式，已经很好地诠释了"首尾相连"的真正意义。在操作活动的同时，孩子们也感受到测量工具是多种多样的，方法也是千变万化的。我们教师，要发现和保护幼儿的好奇心，鼓励幼儿充分利用自然和实际生活机会去分析问题、解决问题。

2. 一起解决问题的过程激发了幼儿的合作意识，提高了他们的创新能力

涵涵发现了子萱和瑶瑶测量方法的不同，子萱用做标记的方法所得到的测量结果更准确。这时候，我没有急于肯定子萱，否定瑶瑶，而是给了瑶瑶一个进一步探索的空间——"你再来想一个能让自己的测量更准确的办法，好吗？"真诚的接纳、支持和鼓励，激发了幼儿进一步探究的欲望。我们教师要支持幼儿与同伴合作探究与分享交流，引导他们在交流中尝试整理自己的探究成果，体验合作探究和发现的乐趣。

3. 在鼓励中激发幼儿探究兴趣，敢于探索和尝试

瑶瑶在老师的鼓励下，真的想出了更好的测量方法——"接力测量"，她的有趣方法还激发了全班小朋友合作测量的欲望。作为教师的我们，一定要理解幼儿的学习方式和特点，鼓励其敢于探索和尝试，从而帮助他们形成良好的学习品质。

创新课堂　文化育人

——一堂丰盛的英语"大餐"

青岛第五十三中学　李　红

一、案例背景

作为一名英语教师，我常常思考：如何拓宽学生的国际视野，增强学生的家国情怀？如何通过英语课培养学生的创新意识、创新能力呢？我想：教师本身首先要具有创新精神，要努力营造温馨的学习氛围、精心地设计教学活动，采用让人耳目一新的教学方法，创设新颖的课堂活动，只有创新课堂，才能培养学生的创新意识、创新能力，才能培养出担当民族复兴大任的时代新人！下面我以外研版新标准英语（一起）五年级下册Module2的第三课时来谈谈我的实践和感悟。

二、案例展示

外研版新标准英语（一起）五年级下册Module2 谈论的是英国人的一口三餐的话题。学生学完前两个单元之后，总感觉意犹未尽。下了课纷纷来问我："老师，英国人的一日三餐除了火腿煎蛋、三明治、炸鱼和薯条，还吃什么呀？不是说他们周日有big dinner（大餐）吗？"还有的同学问："老师，英国人和美国人都说英语，那他们的一日三餐一样吗？"还有的同学说："老师，我最喜欢吃比萨，哪个国家的同学中午吃比萨呀？好幸福啊！""老师，我还想了解其他国家人们的一日三餐！""老师，我还想知道北京的同学一日三餐都吃什么？""我想知道南方人一日三餐都吃什么？"……听着同学们的一个个问题，看着他们渴望知识的小眼神儿，我突然灵机一动，说："不如这样吧，咱们来分分组，对同一个问题感兴趣的同学可以组成一个小组，咱们分头搜集一些资料，小组内分工准备一下，等下节课咱们以小组为单位来分享交流。好不好？"同学们齐声欢呼"耶！"我说："记得展示的结果要用英语表达，遇到不会的可以来找我。咱们自己来准备一桌'英语大餐'！"一听到"英语大餐"，同学们哈哈大笑。说罢，教室里热闹开了，同学们三五成群，四六成组，开始七嘴八舌地讨论起来。有的说："今天放学去我家，上网搜集资料！"有的说："我家有打印机，可以把资料打印出来。"还有的说："我会做ppt，咱们可以制作幻灯片，准保效果好！"……看着他们那充满热情的状态，我又高兴又期待！

英语课时间到了，同学们早早按组坐好，静候我的到来。每一位同学的脸上都洋溢着笑容，充满着期待。我微笑着和同学们说："上次和大家约定好，今天来吃一顿自己做的'英语大餐'！每个组准备一道菜。大家都准备好了吗？""准备好了！"同学们齐声高喊。"好，那我先来！"我说："我为大家准备了第一道'Appetizer开胃菜'！"同学们一听"开胃菜"，顿时来了兴致！我说："咱们来一个'头脑风暴'游戏！"一听说要做游戏，同学们一下子兴奋起来，小眼睛放出了光芒。我接着说："游戏的规则要求大家说出自己的英文名字，再以英文名首字母说出你喜欢的食物的单词。我先举个例子：I'm Jane. I like juice. What's your name? And what do you like?"学生们的小脑袋飞速地转着。有个女生反应特别快，说："I'm Amy. I like apple."一个男生高举着手说："I'm Bob. I like bread."一时之间，同学们都脑洞大开，纷纷举手发言。"I'm Cindy. I like chocolate.""I'm Sam. I like sausages.""I'm Coco. I like cocacola."同学们听了哈哈大笑起来。有的同学生怕和别人说的一样，所以竖起耳朵认真地倾听。还有的同学刚想说某个单词，却被其他同学抢先了，不得不重新思考新的单词。头脑风暴的游戏一下子激活了同学们的思维，让整堂课的气氛变得热闹起来。

看着同学们开心的脸庞，我接着说："刚才我们品尝了开胃菜，下面哪个小组要给我们来一道正菜呀？"话音刚落，小祝同学的小组成员纷纷举起了手，说："老师，我们组的成员详细调查了英国人的一日三餐，还准备了一个PPT，我们给大家展示一下！"说完，小组成员就整齐地站在讲台前了，组长把PPT调整好，组员们便开始每人一句介绍起来。PPT是同学们精心制作的，里面有关于英国人一日三餐的美食图片，也有搜集到的一些英国饮食文化的知识，同学们用学过的英语语句写出来，还配上优美的音乐读出来。学生们仔细地听、目不转睛地看、认真地跟读句子，就像在细细品尝一道可口的菜肴一样，"吃"得那么投入、那么香甜！

PPT展示结束了，同学们意犹未尽，我说："这一道菜同学们吃得不过瘾。我记得昨天有同学问我说：老师，英国人和美国人都说英语，那他们的一日三餐一样吗？老师，我最喜欢吃比萨，哪个国家的同学中午吃比萨呀？哪个小组搜集了这方面的资料，给大家介绍一下啊？"小雨同学说："老师，我们组搜集了美国人的一日三餐"，小鹏同学组说："我们组搜集了意大利人的一日三餐"，同学们手里都拿着准备好的资料，跃跃欲试。"老师，我们把搜集到的知识画了下来，然后也写上了一些句子！"当同学们把精心绘制的"迷你绘本"发给同学的时候，大家都竖起了大拇指！我高兴地说："看来，你们两个小组商量好了要给大家来一道烤肉大餐呀！"同学们一听"烤肉大餐"，更来了精神！我接着说"'烤肉大餐'内容非常丰富，每个小组一'盘'，组长和组员商量一下要吃哪一盘，要和小组内的成员一起分享哦！"说罢，同学们开始在组内讨论，"我们组要吃'美国烤肉'！""我们组要吃'意大利烤肉'！"小组长们在听取了组员的意见后领取了这盘"烤肉大餐"！这盘"烤肉大餐"是同学们精心准备的绘本。之所以说它是烤肉大餐，是因为孩子们把查到的食物词语自主上网查到了对应的英文单词，还把单词和图片配起来，一幅图配一个短句。更值得一提的是，他们还都编成了一个个生动的故事：来自美国的 Kate 小朋友介绍了美国人的一日三餐，来自意大利的Teressa小朋友介绍了意大利人的一日三餐，这样串联起来就成了一个生动的小故事，真像是一个肉串一样！这样的绘本语篇激发了学生浓厚的阅读兴趣。小组内的成员凑在一起，每人读一句，六个人就是六句话，不一会儿就读完了整个语篇！然后每个人划出一个信息句，六个人就是六条信息，真像是每人吃一块烤肉，大家伙"吃得热火朝天"！这样的"烤肉大餐"同学们"吃得津津有味"！不一会儿，小组内的"烤肉大餐"就吃完了。我说："同学们，刚才的'烤肉大餐'美味吗？"同学们笑着点点头。我接着说："那请大家来分享一下你们组吃的那盘'烤肉大餐'是什么味道吧！"小组之间分享了刚才本组读的绘本语篇，并用核心语言支架把相关信息在全班进行汇报展示，这一过程不仅丰富了学生的阅读体验，也开拓了学生的视野，巩固了所学的核心语句。同学们不仅品尝了本组的"烤肉大餐"，也了解了别的组的"烤肉大餐"是什么味道，真可谓一举多得啊！

吃过了"烤肉大餐"，我觉得该让同学们"消化"一下了，于是跟同学们说"同学们，我们已经了解了英国人、美国人、意大利人的一日三餐，还有的同学查阅了其他国家的人们的一日三餐，那请大家来思考一个问题：What are the differences between the three meals in China and other countries?中西方在一日三餐方面有哪些不同之处呢？"同学们纷纷举手说："The time is different.一日三餐的时间不同。""The way to eat is different.吃的方式不同，中国人用筷子，西方人大多用刀叉。""People eat different food.吃的食物不同，中国人吃的花样特别多！""对，中国人讲究民以食为天！"同学们你一言我一语。我一看，时机到了，该是上"甜品"的时候了，就对同学们说："大家说得都很好，中国地大物博，饮食文化博大精深，哪个小组来为大家介绍一下咱们中国的一日三餐啊？""我们组！"小凯同学组的成员高声答道："下面我们组来给大家奉上今天的'甜品'——短片《中国人的一日三餐》！"短片是同学们精心剪辑的，介绍了中国不同地区人们的一日三餐以及在传统的中国节日里中国人都吃什么。看着一张张精美的图片，听着视频的朗读介绍，同学们不由纷纷赞叹道："咱们中国人的一日三餐真丰富啊！""还是中国好，好吃的太多了！""我要向外国人宣传中国的美食！"大家纷纷点头，那种民族自豪感油然而生！我对同学们说："请大家都来当一个祖国文化宣传小使者，运用我们学过的核心语句来介绍一下家乡青岛的一日三餐或者中国其他地区的一日三餐好吗？""好！"同学们洪亮的回答充满整个教室！还有的同学说："以后我要去国外，开办一家中国餐厅，把中国的美食传到世界！"多么美好的心愿，多么可爱的孩子！看着同学们一张张自豪的笑脸，一个个灿烂的笑容，我知道"把中国文化发扬光大"的种子已经在他们的心里生根发芽！一堂课就在同学们的欢声笑语中结束了，虽然下课铃声响起了，但同学们依然"津津有味"地谈论着有关一日三餐的话题。我问同学们："今天咱们自己准备的英语大餐吃的还过瘾吗？"同学们纷纷说："太棒了！真希望每节英语课都是这么丰盛的英语'大餐'！"

会的，我在心里想着。

三、案例分析

这一堂丰盛的英语"大餐"，给孩子们留下了多么美好的体验！学生通过搜集不同国家人们的一日三餐，开拓了自己的国际视野；通过将搜集到的知识进行整理，并用所学的英语语言来组织语句，进行展示表达，收获了丰富的知识，更是在这前前后后的准备过程中提升了自己的绘画、信息技术、组织、协调等各方面的能力！同时，如何将自己组的作品用学生喜欢的方式展示出来，也锻炼了学生的创新能力。学生在这一堂丰盛的文化大餐中欣赏了自己和同伴的作品，也品尝到了"创作"带来的快乐和美好！

色粉画教学与微课应用

山东省青岛第四十四中学　刘德明

　　美术课程以对视觉形象的感知、理解和创造为特征，美术是学校进行美育的主要途径。针对初中生的色粉画教学实践发现，结合信息技术——"微课"的色粉画学习，既有助于学生对于工具材料的了解、掌握以及应用创新，进行情感表达，又能立足于学生美术核心素养，提升教师专业素养，使得色粉画教学在实践中更加有效、更加高效。基于美术核心素养的色粉画与信息技术研究实践成绩斐然：获山东省教学能手、青岛市名师、青岛市中小学学科带头人、青岛市优秀教师、全国优质课一等奖、全国微课大赛三等奖、市北区优秀名师工作室主持人、市北区"劳动模范"、市北区"拔尖人才"，出版色粉画作品集、色粉画教材，开设特色社团，并在省市级开设色粉画公开课，进行经验交流。

一、色粉画

　　色粉画是一种有色彩的绘画，创作工具是一种干的特制的彩色粉笔，画在有颗粒的纸或布上，直接在画面上调配色彩，利用色粉笔的覆盖及笔触的交叉变化而产生丰富的色调，许多画家都有过粉笔作画的经历。色粉画既有油画的厚重又有水彩画的灵动之感，且作画便捷，绘画效果独

图1　《家乡的船》色粉画（刘德明绘）

特，有些画家终身追求、爱不释手。色粉画大约有500年历史，它是从素描演变过来的，我从事色粉画教学研究已有14年（图1）。

二、从"微课"到"码课码书"

码课码书即将色粉画的技法学习制作成微课视频讲解二维码，印刷在书本对应的知识内容旁，让教师和学生随时随地进行扫码观看视频学习，真正实现："哪里不会扫哪里。"

2013年起，我参与微课的制作与应用。在微课的制作实践中，不断探索反思，怎样让美术课堂更加高效，学习更加有效。基于美术核心素养和教师本人的专业研究特色——色粉画微课，由此诞生。

从最初的10分钟专业微课录制，到后期的参加微课制作个性化培训。自己逐渐掌握了微课制作的诀窍，并且能够熟练应用。一个手机架、一部手机、一张画纸、几支色粉笔，一个小时的编辑，便成就了一节精美诱人的色粉画微课。

微课带来的教学变化是明显而巨大的，之前的色粉画专题学习需要教师示范，而每一次示范少则10分钟多则半小时，如果再加上特殊技法，等待的时间就更长。而一个短小的微课只需要3分钟左右，学生可以课前预习、可以课堂学习，更可以课后复习。现在的色粉画教程已经全部可以做成二维码，方便学生学习，多个系列微课即可形成码课码书。

三、色粉画微课的应用

在课堂教学中，分别在普通班和IPD班进行色粉画微课实践应用，效果特别显著，普通班可以直接在课堂上观看微课，不会的地方可以反复观看，进行有效学习，IPD班可以扫描二维码观看，也可以直接观看。针对色粉画系列微课，教师将微课制作成简易的码课码书，学生可以带回家随时观看学习，让学习更加轻松更加自由，学生的个性色粉画作品（图2）就是很好的证明。

图2　学生色粉画习作

四、色粉画微课应用案例

案例一：七年级上册《聆听色彩的合唱——认识色粉画》教学案例

设计思路：由于是学生平常不大接触的色粉画，所以针对这一点，教师设计制作了微课，用于课前、课中和课后的探究学习，便于学生进行有效的预习和初步的工具材料的体验。系列微课从认识色粉画入手，到了解色粉画基本技法，最后教师的色粉画技法演示，始终围绕色粉画的趣味和体验展开，而本组微课的设计和学习也是课堂教学有力的保障和基础。

微课使用建议：

（1）教师使用建议：本微课运用于色粉画学习初级阶段，教师利用微课让学生认识色粉画、了解色粉画的绘画步骤。微课有效分担了课堂教学的重难点，对于学生先期体验和学习也具有极大的帮助。

（2）学生使用建议：课前观看微课，了解色粉画的使用工具材料，初步感受色粉笔绘画的乐趣，尝试运用色粉笔进行小品练习，总结体验感悟并进行整理反馈。

案例二：七年级下册《家乡的船》技法教学案例

建立在核心素养基础上的表现能力体现在色粉画的技法体验上，分别是基本技法、综合技法、特殊技法。

在这节课中，教师主要采用体验式教学法和启发引导式教学法，结合微视频：《船的写生》《手工船3D》《家乡美》，增加情感体验、缓解本节课的技能难度。通过师生共同创作，体现了色粉画创作的乐趣，从而激发出美术兴趣学习的持久愿望。

经过色粉画微课的有效学习，学生对色粉画有了系统的了解。大部分同学都非常喜欢色粉画，对于色粉画技法的掌握也非常乐观，相当一部分同学会经常用到色粉画，感觉色粉画学习并不难，而且非常有趣，同学们也非常想深入了解色粉画，同时对于教师制作的色粉画微课非常感兴趣，父母非常支持，对于后期更加有效地开展实践研究具有现实的指导意义。

现代化的教育教学技术已经走入我们的课堂教学，作为一线教师，只有在不断的探索实践当中，才能与我们的学生并肩前行，不仅仅是色粉画教学，所有的领域我们都可以进行尝试：动漫、设计、制作等等。未来已来，一起向未来。

工作室成员学习运用微课感悟：

小微课　大精彩

——学习刘德明老师微课的一点感受

青岛郑州路小学　韩筱鸥

欣赏刘老师的微课，令我敬佩，使我感动。这些微课虽小，却以小见大。镜头间、语言中、文字里，无不体现着作者的用心、用情，小小的微课里实在有大大的精彩。

【简约不简单】

简短的用时、精炼的语言、片段式的教学等各方面，无不体现着刘老师微课"简"之所在。这些微课全部都在5分钟以内，教学内容实属"浓缩的精华"，对提高学习效率有极大帮助；整个微课并没有太多语言，但每一句话都经过认真提炼，或是解决重难点的关键环节，或是必不可少的重要知识点。这些重要知识点和解决重难点的关键环节，凝练成小小的教学片段，主题突出且场景感十足，迅速满足教学需要。

【丰富有内涵】

每个短短不到5分钟的微课，都涵盖着多个知识点，或者某个知识点的多个方面，并且极富条理性和逻辑性。

【有趣接地气】

具有趣味性且由浅入深、深入浅出是这些微课的一大特点。以《让画动起来》一节为例，刘老师的示范翻页动画从一个简单的文字、一个"转动的小木棍"开始，既饱含着趣味，又让学生觉得并没有很难，稍加努力即可做得更好，这让学生的兴趣一下子被激发出来。微课中看似"不经意"的趣味却在不断吸引着学生：一根铅笔一张折叠的纸、一个变化的小表情就可以出现的"动画片"、文字"孙"到"孙悟空"到出现真正的美猴王形象的动画甚至还有那么简单就可以让男生们热血沸腾的"变形金刚"动画出现在了自己的小本子上！孩子们沸腾了，他们的热情瞬间被点燃！于是，这小小的微课成为孩子们上课乃至课间的兴趣点，上课画、下课交流，上课力求画得更好，下课比比谁画得更有新意……

【精致高级感】

简洁高雅的镜头、可爱又恰到好处的关键点语言气泡提醒，时而悠扬时而欢快时而鼓舞人心的背景音乐，无不体现着作者的用心。教学内容的创意、每个镜头的设计，体现的是教师高雅的审美和丰富的生活情趣。

化繁为简的背后，凝练的是教师辛勤的汗水；丰富内涵，是作者持之以恒研究教学后的积聚；有趣接地气的内容，离不开教师对学生的赤诚之心，匠心独运的画面里，饱含着对教育、对艺术不变的情怀——这份用心、这份用情令我敬佩、使我感动！

现在，我的微信收藏夹里，特意设置了刘老师"美术课堂微视频"的标签，收藏学习刘老师发布的每一节微课，用来学习课程知识点的设置、创意创新、画面安排、授课语言等。当我把这些课给我的学生欣赏时，由浅入深、深入浅出的知识点吸引了我的每一位学生。尽管有的知识点是初中的内容，甚至对小朋友们有些难度，但这丝毫不影响小朋友们喜爱的程度和探究的热情。艺术总是相通的、有感召力的，有魅力的好课总是面向所有人的。期待着刘老师微课包的建立，盼望着刘老师的微课给更多热爱艺术的人以帮助，相信刘老师的微课会以其不断散发着的魅力，吸引更多的人热爱艺术、感受到艺术所带来的快乐与幸福。

儿童视角下的幼儿园故事教学

——倾听引导四步法在大班故事教学中的运用

青岛幼儿师范学校附属幼儿园　石　岩

爱听故事是儿童的天性，故事也是他们接触最早、最多的文学样式之一。随着大家对早期阅读的重视，幼儿接触到了大量的文学作品，丰富的经验积累会让他们在听故事时产生关联，生发很多奇妙的想象。但是在传统的故事教学中，教师通常会把文学作品肢解成若干个知识点，以成人的理解为基础，提出高结构的问题。这样导致幼儿思维的模式化，得到的答案都是相似的，缺乏幼儿个人的思考和创造性的思维，这种教学势必会降低幼儿对语言的敏感度，造成学习上的疲惫感。

儿童视角提倡新型儿童观、教育观，主张把儿童视为主人，把儿童作为研究的主体，能够以儿童的立场，考虑儿童会有的想法，从维护儿童正当权利的角度，做到尊重儿童。因此，在儿童视角下的故事教学就应该突出儿童的主体性，让儿童能够参与到对故事的理解中去，赋予幼儿表达的权利与机会，让幼儿自由表达自己对世界的认识和内心真实的体验。而倾听引导四步法就能满足幼儿的这些需求。

所谓倾听引导四步法是在故事教学中教师用开放性的问题，鼓励幼儿自由地表达对文学作品的理解，教师在用心倾听幼儿真实想法的基础上，从幼儿的角度出发引导他们完善自己的想法，从而加深对作品理解的一种教学方法。这种方法给幼儿预留了独立思考的空间，重在激发幼儿对于文学作品的创造性理解，鼓励幼儿进行富有个性的表达。

倾听引导四步法共分以下四个步骤。

一、用心倾听，读懂幼儿内心的声音

在讲完故事后，教师先不要用程式化的提问去干扰幼儿，而是用"听完这个故事你想到了什么？"这样一个开放性的问题，让幼儿大胆地表达自己最直接的感受。而这个看似简单的步骤，却往往能带给我们惊喜。

在欣赏故事《月亮姑娘做衣裳》时，幼儿听到裁缝一次一次给月亮姑娘做的衣服都不合适后，提出了这样一个有趣的观点，他们认为"这个裁缝有点儿傻"！原因是他每次做的衣裳都小，他就不能提前做大点儿。或者用带弹性的东西给月亮姑娘做衣裳，就不怕她长胖了。

在听完《三只蝴蝶》的故事后，有的幼儿提出：三只蝴蝶为什么非得"要来一起来，要走一起走"，他们可以分别躲到三种颜色的花底下，等到雨停了再一起玩儿不是更好吗？这样谁也不会淋雨，照样能做好朋友！

这些充满个性的想象和深入的思考是我们以往按部就班的提问所涉及不到的。幼儿的创造性思维主要借助想象来进行，幼儿可以凭借语言想象理解某种情境，并且运用语言表达具有新颖性、独特性的想法。这种开放性的问题，调动了幼儿的经验，触发了他们内心的想象力和创造性，培养了幼儿独立思考的能力，也为后面的深入挖掘故事内涵提供了可能。

二、合理分析，发现幼儿思维中的教育价值

幼儿的想象天马行空，哪些是有教育价值的呢？这需要我们在目标与尊重幼儿之间找到平衡。仓桥物三在《幼儿园真谛》一书中告诉我们：在幼儿教育中，是以成人的目的为主，将幼儿的生活套入其中，还是以幼儿的生活为主，慢慢地、小心翼翼地引导他们向着目标的方向发展，这两种不同的态度就产生了截然不同的教育。因此既要心中目标又要充分尊重教育对象。我们既不能因为幼儿的回答不在预设中而置之不理，也不能信马由缰地完全跟着幼儿的脚步走。我们要洞悉幼儿的观点，换位到幼儿的角度，找到幼儿的思路与故事本身的"共通之处"，帮助幼儿用自己的方法理解文学作品。

例如：当幼儿在《三只蝴蝶》的故事中提出让蝴蝶们各自躲雨的办法，

经过分析我们会发现，"友谊的真谛"就是幼儿的思路与故事本身的"共通之处"。友谊——不光是"要来一起来，要走一起走"而更是要为同伴着想，让大家都少淋雨。幼儿的解决办法，既没有违背原作者将友谊作为主线的中心思想，还愈加显示出了友谊更深层次的含义，充满了智慧。

又如：欣赏完故事《小青虫的梦》，有的幼儿说想到了"丑小鸭"。确实如此，小青虫和丑小鸭有着同样的遭遇，都是从外貌的不被接受到后来的美丽出众。幼儿是真正体验到了故事中人物的感受，才能产生这样的联想。这时只要我们将两个故事相似的情节进行对比，幼儿对角色心理和情绪的变化就会理解得更加深刻。

这些教育契机一旦被我们捕捉到，幼儿就由原来的教师牵着走，变成了主动向目标靠近，参与的积极性和语言表达的丰富性也会得到大大的提升。当然，要做好这一步对教师各方面的能力会有一些要求。但是教学就是一个"相长"的过程，不要小看幼儿，只要够用心，稚嫩的声音依然可以成为提升教学能力的助推器。

三、有效追问，引导幼儿完善自己的表达

追问是教师对幼儿回应的一种手段，老师在整体把握活动目标的基础上，根据活动过程中幼儿的回答、反应进行支持、引导的一种提问方法。"追问"是对教育价值更深层次的挖掘，可以引导幼儿深入思考，将自己的想法进一步完善。

还是以《三只蝴蝶》为例，当幼儿提出可以让三只蝴蝶分开躲雨、等雨停了再一起玩儿的想法后，我们就要引导幼儿围绕这个创造性的想法对故事的情节和对话进行改编。"当三只蝴蝶向花姐姐求助失败之后，他们商量出一个什么样的新办法？""他们会说些什么？做些什么？"这样的追问能够帮助幼儿深入思考，将起初简单的想法不断地完善，最终用自己的思维和语言使故事丰满起来，这样一个全新版本的故事就诞生了。

再如：在听完故事《会爆炸的苹果》后，有的幼儿提出疑问："气球和苹果不一样，小猪难道看不出来吗？"这个问题是幼儿根据自己的生活经验判断出来的，但是怎样让这个想法变成有趣的故事情节呢？这时，教师准确、有效的

追问又可以发挥作用了。教师用"气球和苹果哪里一样？哪里不一样？""狐狸为什么要用气球来骗小猪？""小猪是怎么发现苹果是假的？""小猪发现了以后会怎么做？"等追问帮助幼儿逐步厘清思路，用自己的想法让故事的情节更加有趣。经过几轮追问后，故事发生了反转，小猪将计就计，让狐狸自食了恶果。

这样追问的好处还在于可以促进生生之间的学习，互相激发思维的火花，用集体的智慧共同完成对故事的再创造。

四、升华情感，让幼儿体验文学作品中的真善美

情感教育是语言活动的基石，是发展幼儿思维能力、提高幼儿语言表达能力的途径。幼儿时期加强情感教育，不仅能够促进幼儿心理的健康发展，同时也为幼儿童心素养的培养和良好行为习惯的培养奠定基础。

倾听引导四步法注重调动幼儿的已有经验，使他们能更快地融入故事中，情感也自然更容易被激发出来，起到了"水到渠成"的作用，让幼儿更真切地体验到故事中所要传达的美好情感。

比如：在听完故事《一座小房子》后，幼儿说想到了自己的爸爸、妈妈。而这个故事正是要告诉我们，只有房子那不叫家，还要有家人之间的温情那才能称得上是真正的"家"。听到故事中熊爸爸给小熊讲故事，熊妈妈给小熊制作美味的晚餐，有的幼儿说："妈妈在睡觉之前会给我讲故事，我听着妈妈的故事就会睡得很香！"有的幼儿说："爸爸会跟我下棋，有时候我会赢，我就特别高兴！"还有的幼儿说会和妈妈一起做点心、会和爸爸一起修理玩具……从幼儿的表达中我们听到了亲情，也感受到了家庭的温暖。切身的情感体验丰富了幼儿语言表达的素材，语言表达同时也促进了幼儿深入地体验情感。而这些都有助于他们更好地理解文学作品所要表达的美好情感，有助于幼儿良好个性的形成。

儿童视角下的大班故事教学，为我们了解幼儿的内心世界打开了一扇窗。让我们发现故事教学原来也可以如此地充满创造性。在使用这个教学方法的过程中，我们一定要以尊重幼儿为前提和基础，循序渐进地推进。让幼儿慢慢尝试独立思考、大胆表达，让教师慢慢习惯从儿童的视角解读他们的思维，激发幼儿主动构建自己的经验体系的欲望。相信在不断的尝试与磨合中一定能实现师生的共同成长，让每一个故事都能讲出"不一样的精彩"！

高中英语"三新"背景下基于核心素养的大单元整体教学

山东省青岛第一中学　王淑凤

我们的新高考、新教材到今年都是第三个年头了，对于我个人而言，"三新"的研究前两年几乎都停留在了理论的层面。今年，作为高一老师，第一次教授新教材，研究新教材的课堂教学，我对"三新"也有了更多的思考和反思。课程目标、课程内容、课堂教学方式都发生了很大的变化。

我的转变有一个很重要的契机，在2021年9月份一次关于"三新"研究的专家讲座中有这样一个过程：专家给我们展示了一个文本，要求在场的所有一线高中老师把自己认为最重要的五个点写下来，我跟在场的其他老师大致一样，都写下了crashed into，raced through，The team gathered around，looking worried ...我认为这是非常重要的一些语言知识，很地道，非常形象，学生需要掌握。但是专家接下来公布的重点讲解，例如："I don't think I can play anymore，Coach，"I said quietly as the doctor put an ice pack on my knee . "No way，"the Coach replied sharply . 两句话中的quietly，sharply 等，他会跟学生讨论"quietly"表达作者此刻是怎样的一种心态？然后教练"sharply"拒绝我，是要烘托比赛目前到了怎样的一个境况？跟专家的课堂相比较，我发现自己的课堂出现了偏差，这让我感到震惊。对标我们的新高考，我也承认专家的讲解恰好符合我们对于阅读能力的考查重点，专家围绕文本的主题意义展开，注重学生思维的培养，而我注重的是语言知识的教授。我发现我教学的目标、课堂教授的内容、课堂教授的重点出现了问题。还有一位课程专家曾经说过，学生在高一、高二的传统课堂上没能有效地发展自己的阅读能力。是的，因为在传统课堂，老师们的目标在语言，而新的课程标准中目标却不同。

一、课程目标的转化

在王蔷教授主编的《新版课程标准解析与教学指导中（2020年修订）》对于课程目标的转化，有三个着力点。第一是由关注学科内容转向关注学科育人目标的实现。在传统的课堂中，我们的目标关注点是词汇、语法。第二是转向高阶思维的培养。受语言教育认知所限，很长一段时间内英语的教学目标集中在机械性、重复性的低阶思维培养上，教学方式停留在重复性、死记硬背的课堂活动。第三是由综合语言能力转向学科核心素养。传统的课堂以语法、词汇以及零散的语言知识、语言技能为课堂目标，而三新背景下，高中英语学科是发展学生的核心素养，培养有中国情怀和国际视野的社会主义建设者和接班人。核心素养中的四个要素，即语言能力、思维品质、文化意识、学习能力，环环相扣，而传统课堂中作为目标的语言知识和语言技能是达成我们核心素养其他要素的一个非常重要的途径。对标课程标准，新教材的单元目标和课时目标就发生了变化。平日教学中在解析单元目标时，以外研社必修课本第一册第四单元为例，单元话题为Friends forever，单元目标中有下面的一些表述：学生能够掌握与友谊相关的表达，恰当地使用定语从句表达友谊；能够表达对友谊的理解，能够评判交友观念，辨析情与法的关系，形成正确的交友观、价值观，珍惜友谊。课时目标中有：通过听、看、读，认知东西方对友谊的理解，谈个人对友谊的理解。通过续写表达对情与法的理解，对友谊的理解。通过目标分析可以看出，"三新"背景下的单元教学根据单元目标来确定课时目标，围绕单元主题的意义进行探究，一步一步循序渐进，通过相关的词汇、语法等语言知识以及听、说、读、写、看等语言技能达成育人目标。所以目标如有偏差，看似课堂没有发生翻天覆地的变化，却也是差之毫厘，谬以千里。

二、课程内容的转化

新版课程标准解析与教学指导中课程内容的修订依据包括以下三个方面内容：课程内容、教学方式、育人目标。老师要改变传统课堂中脱离语境的知识学习。将语言知识与语言技能的发展融入主题、语境、语篇和语用中，指向学科核心素养。在教学方式上应该坚持走向整合、关联、发展的课程，通过组织融合语言、文化、思维的学习活动实现深度学习，在教学过程和教学内容中达成育人的目标。在这一转变依据的指导下，单元教学解决了知识点孤立、学习活动零散等问题，将看似不相关的版块根据关联、发展的原则整合，从而培养学生的逻辑思维能力，使学生在体验、感受和感悟中形成学科思想方法。以外研社第二册第五单元On the move 为例，Planning a trip 和Visiting a trip 两页看似零碎，在课堂教学中，通过对于每个版块的研究，围绕在旅途这个单元主题，将听力、邮件、表格等不同模态的语言材料围绕课时主题—制定旅游计划整合，从制定目的地并谈论原因，之后通过阅读邮件制定旅游前计划，最后通过听力，学习制定目的地旅游景点等，设计围绕主题的一系列活动，通过mind map、小组讨论等活动方式，设计将语言、思维和文化融入其中的情景式任务，从而达成培养学生独立思考、形成开放心态、对世界充满好奇等育人目标。

三、英语学习活动观

新版课程标准解析中对于英语学习活动观有这样一些表述：活动是英语学习的基本形式，是学习者学习和尝试运用语言理解和表达意义，建构文化意识，发展思维品质，形成学习能力的主要途径［《普通高中英语课程标准（2017年版2020年修订）》］。老师通过设计彼此关联，有逻辑的综合性、开放性、实践性的学习任务，将语言知识融入活动中，这是英语教学方式上的变化。以外研社必修课本第二册第一单元为例，单元主题为Food for thought。写作部分的课时目标有让学生了解中国本土食物，增强民族自豪感，让食物成为文化交流的桥梁。课堂中，我设计了一个跟学生生活贴近的任务，让学生介绍自己喜爱的或者会烹饪的一道中国菜，学生在介绍鱼香肉丝、麻婆豆腐、西红柿炒蛋、无水蛋糕等过程中，分享了他们的制作过程、每一道菜的配料以及他们背后的故事。这样一个迁移创新的活动，既培养了学生主动、合作、探究的意识，也帮助他们汲取了中国饮食文化的精华，同时在完成任务的过程中使用了语言知识和语言技能。再以第二册第四单元On the move 的Exercises you can do anywhere 这一部分为例，课本呈现引体向上、仰卧起坐、平板支撑、跳绳、长跑等各种运动方式，文本中介绍各种运动方式对人体的作用和益处。目标是激励学生认识到体育锻炼的重要性，每个人都要拥有健康的身体，要坚持体育锻炼，尤其关注科学健康的锻炼方式。根据这一目标，我给学生设置的任务是你会在一个周期间如何安排自己的体育锻炼？包括哪一些项目？你打算锻炼自己身体的哪一些部分？你希望提高身体哪些机能？在这样一个情境性的任务和挑战性的任务活动中，将语言知识、独立的思考能力和健康的意识融合在一起。除了这些迁移创新类的活动以外，在语篇文本等理解层面，我在课堂上经常通过思维导图的方式帮助学生更好地梳理文本逻辑，如第一册第六单元At one with nature 的第一篇课文Longji Rice Terraces，从描述龙脊梯田的起源、工作原理、价值以及原因等方面，让学生尊重自然、学会合理利用与改造自然、与自然和谐相处，了解中国的民族智慧，树立文化自信。在理解应用实践类活动中，设计一个思维导图的活动和任务，能够更好地帮助学生理解、分析、归纳和概括，同时在理解文本的基础上，达到对于主题意义的探究。设置挑战性的学习任务，让我们的教学方式发生了改变，情景式的活动吸引学生主动投入实践中，通过语言知识和技能的运用实现了核心素养的全面发展。

新课标、新教材、新高考对我们提出了新的要求和挑战。如何准确地进行文本分析？如何创造性地整合教材？如何选择适切的情境素材？如何形成挑战性的学习任务？如何设计高交互的学习活动？如何设计多样化的作业？如何实现持续性的教学改进？这些都需要我们不断地思考。"高考试题一步步脱离模式化，更加侧重学科素养的考查，一味背书注定得不到令人满意的成绩，靠传统死记硬背和刷题考高分的时代过去了。"（《中国教育报》）我们必须要转变观念，摒弃狭隘的以语言知识为主要目标的外语学习观，改变以知识记忆为主要任务的学习方式，从关注语言知识与技能走向关注语言素养、人文素养和思维素养的融合发展。

知地明理　经纬分明

山东省青岛第四十九中学　张红岩

地理将一个丰富多彩的世界带入学生的视野。自然现象和社会生活的复杂多样性铸就了地理学科的复杂性和综合性，而初中地理学习者却是一群在小学阶段几乎没有接触过任何地理知识与地理概念的孩子。这就需要我们老师要充分利用自然现象、社会现象、生活常识，采用合适的方法与策略去进行地理教学，培养学生的地理思维能力，激发和保持学生的学习兴趣，从而提高课堂教学的效率。

一、用好图表，培养学生空间形象思维

图表是地理学的第二语言，地理学科最明显的特征是在教学过程中需要运用大量的地图、图表和图片来表达地理事物在空间上的联系及发展变化的一个过程。"获取和读取图表信息"是解题的基础，也是关键。但学生经常在读地理图表的时候一扫而过，没有有效地精读地图和材料，仅仅掌握了大概意思就开始答题，将题中关键细节和信息遗漏疏忽。为了全面提升学生读图、审题、答题能力，培养他们的空间形象思维能力。在平时教学中可以注重对学生读、绘、析、写等能力的培养，可以只给学生提供一幅地图或几组地图，让学生自己写出来你能从图上看出什么有用的显性地理信息，在没有其他信息的干预下，只是让学生把注意力放到图片上，重点强化突出地图的作用。训练学生一读图名；二看地图三要素：方向、比例尺、图例和注记；三是图中显性地理现象；四尝试找显性地理现象背后的原因。并且在学生书写的过程中规范学生答题思路，进一步培养学生用地理语言、教材语言、得分语言回答问题的能力。这种教学方式，极大提高了学生的读图、审题、答题能力。并且在地理学习

中，要指导学生用好每一幅地图，例如，课本彩图、学案黑白图、思维导图、自己绘制的简图等，指导学生从图表中发现地理基础知识，寻找地理基本规律。日复一日，长期坚持，学生就能够做到眼有字，心有图，并能将文字和图像有机结合在一起，形成正确的地理空间联想，也会让他们有了地理空间形象思维能力。

二、思维导图，培养学生归纳思维

教育学家乌申斯基有句名言：智慧不是别的，只是组织得很好的知识体系。地理中考面临四本书的复习，很多知识在课本中分布较为分散、零碎，复习时应该首先把握课本的整体脉络，将知识整理归纳形成主干，指导学生构建自己的"思维导图"。

教学中可以让每个学生都准备一本图画本作为地理思维导图本。在这个作业本上学生构建属于自己的知识体系，查漏补缺。绘制思维导图过程中学生可以清楚明确自己在哪块知识点上存在不足，做到有目标的复习。思维导图可以应用到教师教与学生学的各个环节。尤其是在复习课教学中，画思维导图可以进行有效的地理章节的复习、地理概念间的对比、知识的归纳总结等。改变单纯依靠"死记硬背"学地理知识的学习方法。并且学生在书写过程中也可以加强规范化训练，尽量避免错字、别字的出现。教师可以从学生画的思维导图中判断学生对所学内容的掌握情况以及地理归纳和逻辑思维情况，并及时予以评价和指导。实践证明，思维导图既是提升教学质量的一种行之有效的方法，又能很好培养学生的归纳思维。

三、动手实践，培养学生发散思维

在我们的生活中，有许多有趣的地理现象，也可以通过这些现象学到许多有用的地理知识；反过来，我们还可以运用所学的地理知识指导我们的实践活动。在实践活动中既学习了地理新知识，又可以培养学生的发散思维。例如，在讲授《海陆变迁》中"板块构造学说中板块运动方式及所形成的地表形态"这一知识点时，我们可以这样进行教学设计：

指导学生用课本、白纸模拟演示当板块碰撞挤压和张裂拉伸时，分别会形成什么样的地表形态。

（1）同桌两人将两本地理课本平放在桌面上，两手均匀用力，缓慢碰撞。你的发现是？大胆推测一下当板块与板块碰撞挤压时会形成什么？

（2）双手拿起一张白纸，向两个相反的方向使劲用力。你的发现是？大胆推测一下当板块张裂拉伸时会形成什么？

（3）将两本书平放在桌面上。将两块积木（代表房屋）竖着放在同一本上，其中一块放到板块中间，另外一块放到板块边缘（即板块与板块交界处）。两手均匀用力，缓慢碰撞。你的发现是？推测一下房屋放置在哪里比较容易倒塌（板块边缘还是内部），引导学生积极思考。

这个实践教学设计，用身边的课本演示板块运动，帮助学生理解，学生参与度高，体现构建开放的地理课堂理念。引导学生大胆猜测，注重对学生科研探究的鼓励。实验给学生直观认知，降低教学难度。最主要的是培养学生的发散思维。

在讲解地球仪中经纬网知识时，可以指导学生用橘子做个地球仪，在橘面上绘制出经纬线；在讲解等高线中山地五个部位时，可以指导学生用橡皮泥做出一个山体五个部位的模型。在讲解正午太阳高度角知识点时，可以带领学生连续测量某一参照物中午影子的长短，做好记录，理解正午太阳高度角的变化规律。在这一些实践活动中学生既学习了地理新知识，又可以培养学生的发散思维能力。

四、问题引领合作学习，培养学生逻辑思维

小组合作学习可以让学生由传统教学中的旁观者，转变为学习活动的参与者。但要行之有效地展开小组合作学习，绝非易事。我们发现在合作学习中会存在一些这样的问题：只是某一些学优生发挥潜能、表现自己的舞台，学困生往往缺少思考、发言的机会；有时缺乏必要的前期准备就匆忙展开讨论，小组合作次序混乱；有些小组合作学习的问题、内容过于简单，没有讨论的价值，浪费课堂时间……这就要求老师在问题设置上要有效，由浅入深，可以采用层层递进的问题形式或者表格形式，学优生与学困生都有展示自己的机会，那样小组合作学习的价值更大，又可以关注学生地理思维链的形成。

　　如，在湘教版初中地理教材《农业》中影响农业分布的自然因素这一教学内容，教材分布分散，并且不系统，我们可以提出以下的问题，引导学生一步步层层递进思考：

　　（1）首先出示各种农作物不同的生长习性，让学生根据习性，帮助农作物在南北方安个简单的家。

　　（2）思考在给农作物安家的过程中，你都想到了那些自然因素。（初认知影响农业的自然因素）

　　（3）为什么南方种水稻北方种小麦；为什么在东北平原发展种植业而在山区发展林业；为什么新疆长绒棉主要沿塔里木河分布； 我国杭州的"明前龙井"茶世界闻名，但在日本栽培，效果始终不好，请问原因是什么？（进一步理解影响农业的自然因素）

　　（4）洞庭湖种植水稻的有利自然条件是什么？（知识迁移运用，学以致用，理论联系实际，关注学生地理逻辑思维链的形成，既培养学生正确描述、综合分析地理问题的能力，又培养学生的逻辑思维能力。）

五、生活中的地理，培养学生学习思维

　　对于一些地理教学的难点，利用现实生活现象来突破，更利于学生理解。例如，在讲解季风气候时，利用我们青岛位于沿海的优势，设置以下问题：烈日当空的海边玩耍，你会发现沙子很烫脚，而海水却是凉的，这是为什么？夏季在海边你感觉很凉爽，此时风是从哪吹过来的？学生通过这个生活中的地理很快就理解了季风气候的成因以及风向。例如，讲解太阳高度角与太阳辐射强度之间的关系，利用生活中的路灯，假设路灯就是太阳，你站在路灯下和远离路灯时的影子长短有何不同，路灯对你照射光的强度有何不同，说明太阳高度角高低的不同对太阳辐射的强度有什么影响，学生通过这个例子很快就明白了太阳高度角大，辐射强，太阳高度角小，辐射弱。在学习地图的时候，让班级学生绘制自己家庭或自己学校的平面图，在绘制平面图的时候，加深理解并学会自己设计图例，标明标注注记，并能选择适当的比例尺等；在学习交通运输业的时候，可以让学生设计一个假期与父母同行的旅游方案，选择自己喜欢的旅游目的地，设计合适的旅游路线以及根据当地的当时气候特点等，准备旅游

相关的物品。让学生体验到地理就在我们身边，将会极大提高他们学习地理的积极性，并且提高他们的学习能力和思维能力。

地理教学是一门学问也是一门艺术。只有做个教学的有心人，在考虑教学内容、教学策略的时候，真正做到以学生学为本，采用符合初中学情的有效教学方法，提升他们的地理思维能力，就会让孩子们觉得初中地理学习是愉悦的、幸福的，没有负担的。

"群文"与"单篇"的融合
——构建语文专题教学共同体

青岛艺术学校　张　颖

随着教育部颁布新的语文课程标准，基于新课标理念，高中语文课堂也在发生着转型变革。"核心素养"作为引领课程改革的核心概念，"专题教学"作为指向核心素养发展的新型课堂呈现形式，逐渐得到了大家的关注和认可。本文以高中语文统编教材必修上《芣苢》《静女》和选择性必修下《氓》的单篇教学为切入点，探究"单篇"与"群文"融合，探究《诗经》语文专题学习共同体的实施路径。

一、《诗经》专题教学的缘起

《诗经》是我国一部重要的文化典籍，收录了从西周初年到春秋中叶的305首诗歌。作为民族文化的源头，《诗经》是我们中华民族永远的滋养，《诗经》所描绘的一幅幅远古生活画卷，充满了纯真善良的感情和美好的生活愿望，流露出最本色、最自然、最真淳的情愫。其中，爱情诗、农事诗更是《诗经》中最为经典的华章。

学生在初中学习过《关雎》《蒹葭》，高中语文统编教材要学习《静女》《芣苢》和《氓》。作为经典中的经典，如果只读这几首诗，对于《诗经》的学习，可能仅仅只是一个朦胧的身影，不能不说是一个巨大的遗憾，而要求同学们全部都读完《诗经》305首也不现实。因此以教材内的篇目为切入点，进行群文阅读，开展《诗经》专题教学，既能让学生欣赏一语天然万古新、豪华落尽见真淳的文字之美，感受人与大自然、人与社会之间的"亲和"关系，也能帮助学生构建属于他们自己的情感观和价值观，培养对《诗经》的鉴赏力和多角度、深层次的思维辨析力。

在此基础上，"群文"和"单篇"融合的《诗经》专题教学由此而起。

二、《诗经》专题教学准备

进行《诗经》专题教学，除去初高中教材中的五首，另外选取《诗经》涵盖爱情诗、农事诗和战争诗的七首诗歌，分别是《木瓜》《溱洧》《桃夭》《伐檀》《十亩之间》《无衣》《采薇》，希望通过群文阅读"识其大体，窥其全貌"。同时为加深对《诗经》的理解，更充分认识《诗经》的艺术价值，也选取了不同专家学者的评论文，帮助学生全面、系统地鉴赏品读《诗经》，分别有《〈诗经·邶风·静女〉赏析》（褚斌杰）、《〈诗经·卫风·氓〉赏析》《〈诗经·周南·芣苢〉赏析》（孙以昭）、《至于顿丘》（傅道彬）、《〈诗经·魏风·十亩之间〉主旨辨析》（徐培均）等评论文。

三、《诗经》专题教学目标

基于新课标的语文四大核心素养，结合具体学情，确立《诗经》专题教学目标如下。

（一）语言目标

（1）背诵所给《诗经》精彩篇章，学习重章迭唱、直抒胸臆的歌咏形式。

（2）阅读鉴赏文章资料，学习围绕一个文本重要信息，进行思辨性思考。

（二）思维目标

（1）学会做读书笔记，能找出文中作者的观点，或事实的出处、依据。

（2）能准确地表达自己的感受或见解，学习写研究性小评论文。

（三）审美目标

（1）能理解《诗经》中关注世俗生活、关注个体生命，"以人为本"的精神。

（2）学会热爱生活，热爱劳动，相信爱情，思考并学习爱的能力。能准确理解有尊严、有智慧、有品质的生活含义。

（四）文化目标

（1）感受《诗经》中的乡土情怀、家国情感和伦理情意。

（2）领悟《诗经》所表现出来的关心家国命运的责任与担当。

四、《诗经》专题教学实施

（一）单篇精读

在《诗经》专题教学中，首先要对《静女》《芣苢》和《氓》这三篇"单篇"进行精读。

《静女》和《氓》属于爱情诗，《静女》描写的是两性相爱、感情笃厚的恋歌，而且写得十分深刻、生动、形象、活泼。《氓》则是描写弃妇怨伤的诗篇。全诗共六章，完整地叙述了一个劳动妇女，从恋爱、结婚、被丈夫虐待，以致最后被遗弃的不幸遭遇，她在痛苦中悔恨过去受了欺骗，对无情无义的丈夫表示愤怒和决绝，她的遭遇不是她一个人的，反映出了周代奴隶制社会广大劳动妇女受压迫、受侮辱的共同命运。可以说，《诗经》描写爱情的抒情恋歌，不仅内容丰富，而且形式多样，在描绘形象、运用语言和艺术表现手法方面都有很高造诣。这些描写爱情的抒情诗，既有共同的艺术特色，又有各自独具的艺术风格。如何正确解读《诗经》中的爱情诗，如何指导学生形成正确的价值观，如何辩证地思考问题，都可以在群文阅读中找到一些方法。

《芣苢》是一首农事诗，通过重章迭唱让我们感受到了劳作的场景。可以说《诗经》中的农事诗，以生动形象的文学语言，描写了周人有关农业生产各方面的情况，让我们去了解当时的社会，也感召我们现在要学会热爱生活，热爱劳动，感受乡土情怀。

在三篇精读学习后，老师推送学生阅读鉴赏《〈诗经·邶风·静女〉赏析》（褚斌杰）、《〈诗经·卫风·氓〉赏析》《〈诗经·周南·芣苢〉赏析》（孙以昭）和《至于顿丘》（傅道彬）评论文。阅读以上文章，要能看出文章作者对作品内容的理解，要能找到体现作者观点的语句和明确文中理论或事实的出处或依据，要了解作者的表述方式和文章的文体特色。具体要求如下：第一步，明确作者观点；第二步，概括作者的理论或事实的出处、依据；第三步，明确作者的论证思路；第四步，在认真、仔细研读文章的过程中，对文本有疑惑的地方，要及时上网查对、求证，学会质疑、分析、比较，及时记录感悟、体会、思考和发现。

（二）群文阅读

通过单篇的精读，学生学会了诗歌学习要通过反复诵读，结合课文注释，整体感知诗歌内容；要在整体感知的基础上，借助网络资源等，经过个人思考与同伴互学，形成自己对文本的学习理解，并能熟读成诵；通过阅读鉴赏文章，学会提取观点、辩证思考。接下来学生按照精读单篇的思路，自己研读学习《木瓜》《溱洧》《桃夭》《伐檀》《十亩之间》《无衣》和《采薇》，老师通过学习平台推送3~5篇评论文鉴赏。

（三）选题写作

通过单篇精读和鉴赏评论文，学生基本能品味《诗经》作品的自然美感。接下来的选题写作是学生自我内化与提升，也是专题学习中最艰苦的阶段。撰写研究性小论文是专题学习最重要的一种成果呈现方式。

如何撰写研究性小论文？首先，要确定研究的对象，考虑研究什么问题，这就是选题。选题宜小切口，有新意。其次，围绕选题广泛搜集素材，筛选素材并加以分类整理、归纳提炼，建立联系。最后，拟定题目，构建文章结构层次，叙议结合，完成富有个性见解的文章。因此，选题写作主要包括定向、选题和写作三个环节。

定向是确定自己想要研究写作的方向；选题是在定向的基础上，分析、收缩写作范围，确定写作具体题目；写作是按照题目，经过深入思考琢磨后，写出提纲，列出观点，然后梳理写作，最后形成文稿上传学习平台。

《诗经》专题的写作要求是一篇不少于800字的研究性小论文。基本要求是：

（1）围绕《诗经》中一首或几首诗、一类或几类诗或涉及《诗经》的有关话题等，深入聚焦自己体会最深刻、思考最透彻或者有新讲解的问题，进行写作。

（2）能正确概述作者的主要思想，能准确表述自己的感受或见解，能理性辩证地分析问题。

（3）题目自拟，不少于800字。

（四）专题学习评价

通过问卷调查，学生回顾总结《诗经》专题学习收获，同时教师挑选优秀研究性小评论文，通过教室黑板报、微信公众号等途径进行优秀习作展示。

五、教学反思

首先，在"群文"与"单篇"融合的专题教学中，"群文"的选择是有一定标准的，是由某一个连接点产生的一组文章。比如说，是一种价值观或文化观的连接点文章，还是由"单篇"主题延伸的连接点文章等。其次，"群文"必须与"单篇"融合，也就是要以教材的"单篇"为主导切入点进行专题"群文"教学。再次，教学目标要聚焦语文核心素养，教学过程要以"任务"层进梯度进行，学生要在"阅读与鉴赏、表达与交流、梳理与探究"中多元学习，真正发挥学生主体地位和教师主导作用，将课堂由教师分析、讲、问的过程，转换为以学生为主体的听说读写过程；在情境创设、答疑解惑、方法策略指导等方面，教师适时适当发挥主导作用，实现在"群文"与"单篇"融合中构建语文专题学习共同体。

初中道德与法治课"新闻分析"活动的思考与实践

胶州市上合示范区实验初级中学　赵　燕

在当前的道德与法治课教学活动中，如何更好地激发学生的兴趣、充分发挥学生的主体作用，切实有效地提高学生分析问题和解决问题的能力，使学生能够灵活地掌握和运用课本上所学的知识，一直都是道德与法治课教学的一项重要任务，也是广大道德与法治课教师所要探讨的重要课题。帕默、劳拉·金指出："时事政治的融入利于提升教师的教学技能，丰富教材内容，调动学生的积极性"。国外学者、教师对时事政治的探讨为充分发挥时事政治在课堂的作用提供了有益参考。我校道德与法治课教师在这些方面做了大量有益的探索。通过这两年的教学实践，大家体会到开展"课前新闻播报"活动，让此活动走进课堂，给道德与法治课教学注入了一股新鲜的活力，对道德与法治教育这一任务的完成有很大的帮助，也受到了学生的欢迎，取得了较好的教学效果。

一、开展"新闻分析"活动的意义

1. 有利于加深学生对课本知识点和社会现实的理解和掌握

道德与法治课教学中有许多抽象的难以理解的概念，只靠教师的讲解，学生是无法理解的，甚至无法记住。因此，要加深学生对知识的理解和掌握，就不仅要让学生学会听、学会读，还要学会说、学会议。在课堂教学中，要使学生对知识融会贯通，就需要教师设置适当的情景让学生参与教学。因此，通过开展课前"新闻分析"活动，让学生通过听、看、说、议等方式参与教学活动，做到眼到、手到、口到、心到，能使学生对所学知识举一反三、触类旁通。另外，学生为了搞好自己的小演讲，避免泛泛而谈、言之无物，就必须深入研究课本上的知识点，还得查找课外新闻材料来补充自己的观点和看法，这既加深了对课本知识的理解和掌握，又拓宽了学生的视野，扩大了学生的知识面，引起学生对社会现实生活的关注，引导他们运用所学知识去观察、分析、解决现实生活中的实际问题，从而实现理论与实际的联系。

2. 有利于开发学生的创造能力，提高学生的综合素质

"新闻分析"要求学生结合教材寻找典型的素材。寻找素材本身就是一个思考的过程，它要求学生具有一双慧眼，善于发现问题并发挥创造力，对素材进行再加工和再创造。学生的积极性和创造性是无穷的，关键在于如何让他们"动"起来，一旦给他们适当的土壤，让他们自主学习，就能真正地实现"要我学"向"我要学"的转变，实现知识向能力的转化。在"新闻分析"的准备过程中，学生对所搜集的材料进行整理和分析论证的过程，就是一个从感性认识上升到理性认识、从形象思维过渡到抽象思维的训练过程。因此，"新闻分析"不仅锻炼了学生的语言组织和表达能力、应变能力，更重要的是培养学生的逻辑思维能力，从而使学生自身的综合素质得到极大提高。

3. 有利于激发学生的学习兴趣，活跃课堂教学气氛

学生播报的内容都是他们心理上的"兴奋点"，即他们最关心的时政热点、新闻话题、社会现象，他们认为贴近自己的生活，比较典型有趣。因此，吸引了大多数同学的注意力，使同学们在一种愉快的氛围中获得知识，避免了道德与法治课的枯燥无味，大大提高了学生对道德与法治课的兴趣。同时，还拉近了学生与教师之间的距离，活跃了课堂气氛。另外，中学时期学生的自我意识加强，自我表现欲望十分强烈，希望自己能够得到别人的赞扬和价值认同，反感别人对自己喋喋不休地说教。而鼓励学生积极参与新闻播报，正好适应学生的这种心理需要，给学生提供了一个展现自己才华的机会。所以得到同学们的积极响应和大力配合，这对于学生表现欲的释放和学习热情的大增，都很有帮助。

二、开展"新闻分析"活动的具体做法

传统一言堂式的教学方法随着教学改革的深化，已经不再是政治课堂教学的主流，课程改革明确了学生在课堂中的主体地位，教师也应当转变教学思维，从学生的实际需求入手，发挥学生的学科积极性，挖掘学生的思维潜力，

让学生从被动接收转变为主动思考，增强学生对于自身学习活动的责任感，自觉完成教师布置的教学任务。Tsai， Pei-Ying认为："教师在课堂中使用新闻材料，引导学生全面解读新闻材料，不仅可以丰富课堂内容，也有助于激发学生的兴趣，积极参与到课堂中，提高正确辨别事物和结合已有的知识经验解决现实问题的能力"。时政新闻播报的主体是学生，教师应当挖掘更多具有讨论性的新闻热点，引导学生产生兴趣，再规范学生的播报方法，采用小组合作播报等模式提高学生的参与度。

在不断探讨研究中，学校道德与法治组在开展"新闻分析"活动时采用了两种形式：一种为"新闻播报"，一种为"新闻综述"。"新闻播报"要求学生把时政新闻按时间顺序或性质分类归纳后进行播报。这种形式要求不高，一般在七、八年级各班进行；"新闻综述"则要求学生在收集、整理时政新闻的基础上，精心挑选一二条时事，结合过去所学知识用理论观点对其进行分析评述。这种形式要求稍高，一般在九年级各班进行。通过长期的尝试和实践，我们认识到要开展好这项活动，必须做好以下三个阶段的工作。

1. 准备阶段。要求学生订阅或借阅《中学生时事政治报》《半月谈》等报纸杂志，平时积极利用课余时间多看报，多关注时事，多听新闻，并用心搜集、摘录、整理时事新闻材料，了解时政和现实问题的内容和背景；在此基础上，回归教材找出与其相关的原理、观点，运用学过的知识对材料进行分析研究；然后形成文字发表自己的见解对材料进行评论和综述。教师要加强与学生的联系，课外多辅导，课前先审阅。

2. 实践阶段。利用每堂课课前三分钟进行新闻播报活动。教师让学生分组搜集一周内发生的国内外新闻大事件，还可以从政治、文化、民生等角度筛选新闻内容，让学生交流与合作，提升团队意识，同时大胆挖掘、合理讨论、积极思考，挖掘新闻背后的价值。每堂课都安排一位学生参加，保证每个学生都有参加的机会。要求播报者做到胆大声响、语言流畅、表达清楚，其他同学认真倾听并积极思考。学生根据某一政治事件或现象在课堂上进行口头新闻播报，在播报过程中有时也会与教师交流、与同学合作，进行互动，而非单纯地讲新闻，在口头新闻播报与师生新闻交流中感受政治事件的多样性，并适当在新闻资讯与现象中加入一定的见解，深化新闻事件中的政治理论知识学习，感受思想政治课程理论对于生活实际的指导作用，逐渐养成正确的思维观念。在新闻播报后，由教师进行整理与总结，帮助学生夯实政治基础。经过不断的实践、不断的新闻播报，在教学过程中明显感受到师生之间的距离拉近了，学生也开始化被动学习为主动参与，在积极的课堂活动中产生自主学习意识，在繁重的初中学习任务中仍能对政治课程保持较高的学习热情，同时在集体生活中更好地与人交流沟通，有效地提高了语言表达、逻辑思维、理论分析等综合能力。

时政新闻播报的教学重点并非在于教师的"教"，而在于学生的"学"，师生需要充分互动与理解，在教师适度的引导下激励学生主动挖掘新闻内涵，将时政热点与教材理论结合在一起，引出学生自己的观点，提高学生的实践力。如：在学习八年级下册《道德与法治》中的"坚持宪法至上"时，教师可以从坚持中国共产党的领导与宪法的权威入手，让学生思考其深刻的内涵，发挥榜样的引导作用，自主探究相关的时政新闻资料，在共同探究中破解教材的难点，如抗疫过程中的共产党员身先士卒的热点问题，培养学生责任心，让学生以新闻为鉴，树立正确的人生观与价值观，自觉加强社会公德，深化对教材理论知识的理解。"合理运用时政素材，将核心素养的培养寓于无形。"

学生可以通过在网上查找资料、观看电视或者阅读报纸等方式来完成某一主题任务的讨论，讨论过后每个小组选择一名学生总结小组观点进行发言，学生发言过后教师还应该对其进行鼓励和奖励并对学生的发言进行补充。"通过这种方式让学生有了充分的成就感和荣誉感，也调动了学生学习的积极性，从而在潜移默化中促使学生养成良好的学习习惯。"

3. 评价阶段。在播报后给予学生一定的自由讨论时间，再由教师统一给出评价，充当学生的引领人。一是对演讲者所讲时政材料的中心内容进行简短归纳，二是对其所运用的原理、观点进行正误判断，三是指出其分析过程的优点和不足之处，最后进行总体评价，并提出鼓励和表扬。要求教师真正体现主导作用，精心评析，切忌"形式主义"。

三、开展"新闻分析"活动的成效

"新闻分析"活动的开展，不仅帮助学生养成关注时政的习惯，更培养了学生理论联系实际的能力；不仅激发了学生学习道德与法治课的兴趣，更培养学生分析问题、解决问题的能力；不仅使得学生在课堂上游刃有余，爱上道德与法治课，更拉近了教师与学生的距离。在这样的活动引导下，学校七年级期中全市统考取得第二名的好成绩，成绩的取得更是鼓舞了士气、振奋了精神，孩子们从此真正爱上了道德与法治课，对这门课的兴趣更加浓厚，课堂效率也在不断提高，形成了良性循环。

总之，开展"新闻分析"活动对于推动道德与法治课教学的发展，赋予道德与法治课教学新鲜活力和创造力有着重要意义。对我校道德与法治课教学来说是一种行之有效的活动方式，因为它切实做到了理论与实际相联系、知识向能力转化，值得我们继续改进和不断探索，使它真正成为学生学习新闻、把握理论、增进知识、锻炼能力、交流思想、提高觉悟的舞台。

Ms邹与她的"生机课堂"

青岛富源路小学　邹　嫱

　　2002年夏天，我从师范学校毕业，带着对三尺讲台满腔的热爱和少许青年的懵懂走上了工作岗位，成了孩子们每天都能见到的英语老师Ms 邹。褪去初为人师的澎湃激情，我开始疑惑和思考，小学的英语课堂固守于常规的教学思路，只重视教单词、教句子、带领学生读课文，课后再布置些抄抄写写的作业，到底孩子们每天从我的课堂走出去时会收获些什么？与他们走近我的课堂时又有什么不同呢?带着疑惑，我不断学习新的理念知识，积极参加各级各类教研活动、培训讲座，又像个学生一样汲取着新知，但是付之行动的举措并不多，回想那几年的英语课，虽然我也很有热情，也很努力，但是好像始终没有什么突破。

　　真正让我有所转变的是2013年前后，那时候我已为人母，看待学生和课堂又有了新的视角和体验，我开始放下身段，从孩子们的角度出发思考问题。从那时起，我的课堂开始有所不同了。我慢慢地转变教学理念，让核心素养等高大上理念真正在自己的课堂落地，并渗透在每堂课、每个教学环节当中；我挖掘教材中有限的资源，带领学生尝试拓展延伸，让学生体验语言的人文性和工具性；我尽量拓宽学生的学习渠道，丰富学生的学习资源，让他们在英语课上足不出户就能领略中西方文化的差异甚至是世界各地的美景；我还尽最大努力让我的教学活动充实、丰富并具有人文关怀，让我的学生在我的课堂上体验成功并能感受尊重。经过几年的实践和改变，我的英语课与之前有了很多不同，课堂氛围轻松活跃，学生参与度高，学习过程中除了有知识的讲授还有师生之间、生生之间思维的碰撞，以及对美、对美德的感知和体验，Ms邹的"生机课堂"崭露头角。

一、"生机课堂"，让教材"鲜活"起来

新标准六年级有篇课文中提到Daming在美国街头碰到Laura，就拿出了好友Lingling 的照片，介绍两人成了笔友。这时就有学生质疑：信息时代了，Daming为什么还会随身带照片呢？我随即引导学生思考原因（图1）。有的孩子说，Daming是学生，带手机不方便；还有的学生说，Daming第一次出国，没有美国的电话卡；还有的学生说，教材编写可能是几年前的事情了，那时候手机还没有普及……我也在肯定学生们主动质疑意识和能力的基础上引导学生正确认识和审视教材内容。

六年级上册有一篇对话，文中Ms Smart一家看着中国地图讨论想要去游览的城市。我先是带着孩子观察课文中的图片，谈论地图的功能，启发同学们："随着科技进步，我们计划旅行时，还会常用到地图吗？"同学们自然地说"不会"。继而我简单地询问孩子们，出行查看路线时会用什么工具？大家纷纷发言，高德地图，腾讯地图，百度地图，携程旅行……

三年级的教材中有一课也很有趣，Daming和Sam踢球，Daming摔倒了，Sam 赶过来说I'm sorry。但在观看文本视频时学生们却发现Sam并没有绊倒Daming，却为什么要道歉呢？对于孩子们提出的问题，我先是表扬他们敏捷的观察力和主动提问的意识，继而告诉他们在西方文化中I'm sorry不光可以用来

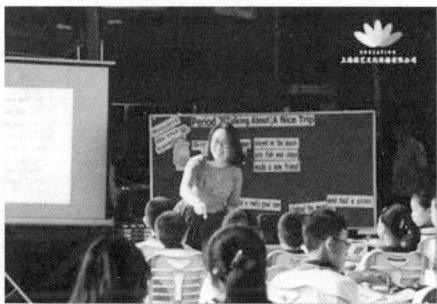

图1 鼓励孩子主动思考

道歉，也表示对不利场合下的一种遗憾，是一种表示礼貌和关怀的表达方式。

教材是固定的、不容易改变的，有时候教材内容也并非都是科学合理的，但是"精读"课文，挖掘图文资源，鼓励孩子敢于发现、敢于质疑、乐于思考，打破课本局限性，学生会收获有意义、有生气的学习资源。

二、"生机课堂"，让课堂交流充满人文关怀

五年级课本中有一篇课文，核心语言是学习I can/can't ...well。上课时，

我请同学们用这个句型介绍自己和身边的好友，现场的发言很踊跃，学生都积极地表达，有的说，I can do maths well. But I can't run fast. 还有的说，Peter can play basketball well. I can't play basketball well……对于学生精彩的发言，我也因势利导：Some of you are good at sports. Some of you are good at Art. And some of you are not good at these things. It's all right. Everyone is different. And the difference makes us US!

进入高年级以后，我对学生的课堂发言有了新的要求，不仅要完整、流畅，尽量避免语法错误，同时也要尽可能表达自己的观点看法并能简单说说原因，而不是简单的"鹦鹉学舌"。五年级有一个模块是学习中英两国学校的不同，学习结束后，我展示了很多同学们平时的课堂学习、课间活动、班级或学校实践活动的照片，继而引导他们思考和表达，What about our school?What subjects do we have? What do we do at school?Do we go to the libraries or the museums after school?……学生在图片的辅助下，选择自己感兴趣、印象深刻的内容进行介绍，既能对所学知识进行巩固拓展，也能联系生活实际进行语言应用。

慢慢地，我的课堂经常会出现"追问"环节，Why?How?和What do you think？等问题是我和学生经常交流的内容。经过一段时间的练习，大部分学生的语言表达不但完整清楚，而且有理有据，有了自己的思考和判断。

三、"生机课堂"，让学生参与体验

中、低年级的学生受年龄和认知水平的限制，一堂课中注意力集中的时间不会太长，所以教学活动的设计需要充分考虑学情，既能吸引学生的注意力，调动学生的积极性，又要避免表面的"热闹"，有实际的效果。二年级下册教材中有一个模块，是跟随主人公Maomao坐火车，在新授内容结束后，我来扮演"the train driver"，将the hill，the tree，the house，the hospital，the station等几个课文中出现过的地点单词卡随机发到班里不同位置的孩子手里，然后邀请"小乘客"一个接一个上我的"火车"，带着他们逐一经过这些地点，其他的孩子要一起描述我们的"旅程"：

"The train is going on the hill. The train is going past the house. The train is

stopping at the station..."

图2　鼓励孩子主动参与

　　说得又快又好的孩子有机会下一轮担任乘客或者司机的角色。于是孩子们情绪高涨，积极地用学过的知识来表达，而且越来越多的孩子参与到活动中（图2），一边说一边做，在体验中运用语言，在运用语言的过程中体验合作的乐趣。

　　三年级学习情态动词can的时候，课文中有主人公们比赛跳远和跳高等运动技能的场景，我也在班里展开调查：Who can run fast? And who can jump far? 然后请志愿者们上台接受挑战，实实在在地跑几步、跳一跳、比一比，在简单的运动中体验run fast，jump far，jump high的意义，并且鼓励孩子们自信、大方地展示自己，互相欣赏。

　　孩子们的主动参与是我的课堂特点。在参与中能更好地体验语言的意义和所蕴含的情感，这才是学习的可贵之处。

四、"生机课堂"，让学习过程充满活力

　　小学的英语课课时是有限的，但是学习的方式却可以是多样的，我不仅关注课堂上的有限时间，更注意拓宽学生的学习渠道，帮助学生开发资源进行语言的应用和延伸训练。我常会带领学生进行调查实践类的学习，如：让学生回顾参观之前学习过的教室，再和新教室对比，描述两个教室的不同之处。孩子

们都细心地发现了好多异同之处，比如：

There was a teacher's desk before. It was big. There is a small one now.

There weren't lots of books before. There are many books in the classroom.

……

我还带领学生进入学校图书室，通过大体了解书目类别等，简单描述学校图书馆的书籍情况和数量。在此基础上，再让孩子们回家调查并记录描述自己的书架、书橱，第二天在班级内进行交流；我也会引导学生尽可能地将学过的语言知识运用到实际生活中去，如学校运动会、秋游、儿童节庆祝活动等结束之后，我们都会进行学生的writing practise，既能巩固语言应用，又能丰富生活体验，最重要的是留下了童年珍贵的回忆；我结合教材中的所学内容，带领孩子们制作poster（图3），贴上儿时的照片，在班级内分享介绍小时候的自己和现在的自己，体验成长的快乐。我充分利用班级微信群，定期让孩子们把朗读课外美文的音频发到群里进行交流，鼓励孩子们拓展阅读。

图3　孩子们的作业

为了把英语课上出地道的英语味儿，我很注重跨文化意识的培养，对于教材中出现过或者提到过的节日、中外地标性建筑和名胜，如中国的长城、昆明湖、上海、万圣节、感恩节、纽约帝国大厦、联合国大厦、英国大本钟、巨石阵、度假胜地布莱顿等，我都积极搜集视频、图片、音乐等资源带领学生欣赏、感知、认识和了解，丰富学生语言输入，体验不同文化和风土人情的冲击，拓宽视野，初步培养"大国少年"的"国际范儿"！

多年坚持不懈的努力和实践，为的就是呈现不一样的生机课堂，让每个孩子走出我的课堂时都是愉悦的，都有收获。这些年，在各级教研员、学校领导和同事们的指导和帮助下，我逐渐成长起来，从区能手到市能手、市学科带头人，从执教区级研究课到市级公开课，再到全国比武课，一直到入选第四期名师培养工程……我感恩前辈们的关爱，也感慨自己的幸运，更感动于每一天与我朝夕相处、朝气蓬勃的孩子们，我会将这些热情融入教书育人的工作中，回馈我的课堂教学。今后的我还会一直努力，因为充满生机的课堂（图4）是我对自己英语课的描述，更是我对英语教学的期待。

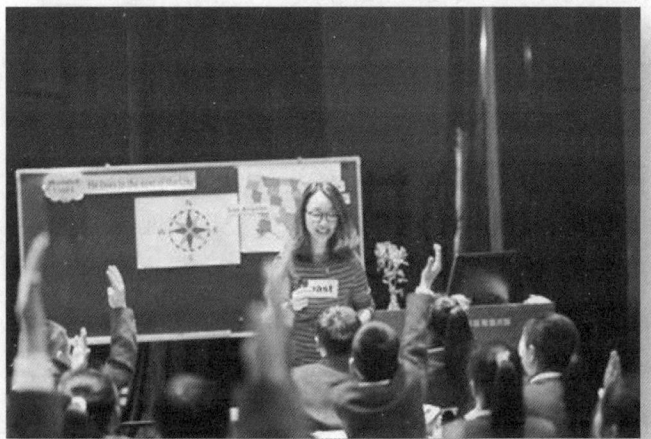

图4　"生机课堂"

跳着溅着不舍昼夜的生命水

——徐志摩诗歌探究式阅读专题教学案例初探

山东省平度师范学校　　陈玲玲

2020年1月，教育部颁布的《中等职业学校语文课程标准（2020年版）》（以下简称《课标》）提出，以专题内容组织课程，实施专题教学，这是中职语文教学改革一个重大举措。近年来，语文教学改革如火如荼，教学内容不断延展，教学方法不断创新，但因为缺乏对教学内容整合的系统性和整体性，往往存在教学主线芜杂，针对性和开放性不足等问题。专题教学的提出更便于教师选择典型内容组织教学，是对语文教学资源的重新整合和利用，对于引导学生深度探究，实现知识与能力的自主建构可谓意义深远。

那么什么是语文专题教学呢？根据其在实际教学中的运用，结合相关学者研究成果，我们是否可以这样认为：语文专题教学是根据学生学习需要，立足于学生问题解决而围绕某一学习主题展开的、在教学流程、教学组织方式及教学评价方面有规定性要求的一种语文教学范式。

本文以徐志摩诗歌为例尝试进行探究式阅读的专题教学设计，旨在引导学生通过阅读徐志摩的诗文、传记、研究文章，逐步深入对徐志摩在新诗史上的特殊地位以及精神世界进行探究解读，进而实现深度学习。

一、课标导引下的专题教学设计意图

徐志摩的诗歌属于中外文学作品选读专题教学内容。对于本专题的教学，《课标》是这样表述的："本专题旨在引导学生阅读诗歌、散文、小说、剧本等不同体裁的中外优秀文学作品，在感受形象、品味语言、体验情感的过程中，

提高语言文化鉴别能力、文学欣赏能力和审美品位，提升人文素养。"学习本专题要"感受作品中的艺术形象，把握作品内涵，理解作者创作意图，欣赏作品的语言表现力"。

从表述中我们不难看出徐志摩诗歌教学目标的定位，指向于语言、审美、文化等核心素养的培养，其中"鉴别""欣赏""品味"等词语对素养的程度提出要求：学习文学作品不再是对语言文字的简单理解与运用，而是要依托对文字和文学的审美，来实现对语言文化的鉴别和对美的发现与表达。正如《课标》中所要求的，"文学作品的阅读，应侧重于审美发现与鉴赏"。

人教版中职教材第三册选取徐志摩的诗歌是《再别康桥》，这是诗人的代表作也是最能呈现诗人写作特色的一首诗作。诗歌洒脱飘逸，是徐志摩诗性特征与文学精神的典型呈现。"康桥"之于徐志摩有着非同寻常的意义，诗人自己曾满怀深情地说："我的眼是康桥教我睁的，我的求知欲是康桥给我拨动的，我的自我意识是康桥给我胚胎的。"康桥，它对诗人精神上的影响是久远的，它重塑了徐志摩，成为他难得的精神依恋之乡。但是单凭一首诗歌，学生是很难触摸到徐志摩的灵魂，把握其精神特质的。为了打破对诗文单篇的解读，让学生对徐志摩诗歌有系统性、整体性的认识，我尝试从大语文的角度对徐志摩的文学精神进行重塑，教学时进行如下的专题设计。

二、问题导向，主线一以贯之的探究式课堂教学案例

（一）课前准备任务驱动

课前给学生布置的任务内容有三个：

（1）查找有关徐志摩生平的资料，做摘记（或者PPT），要求多方整合，保留有价值的节点进行整理汇总，能形成诗人生平经历的系统性文字。

（2）搜集徐志摩诗歌进行个性解读。诗歌可以自己搜集，也可以参照教师提供。《雪花的快乐》《我不知道风是在哪一个方向吹》《沙扬娜拉》《偶然》《再别康桥》《生活》等诗歌。开放性的提供，教师不按时期分类，让学生自己在研究中梳理分类。

（3）查找有关"康桥"的作品，思考"康桥"的内涵和外延。

（二）课堂专题情境创设

徐志摩诗歌探究学习围绕三个专题设计：① 徐志摩人生阅历与其创作；② 从意象的轻灵飘逸看徐志摩的浪漫情怀；③ 徐志摩的人生理想与其康桥情结。三个专题涉及言、象、情、志等方面的特征，可以作为三个各自独立，但是又互相渗透的专题，让学生进行个性化解读。

（1）专题一：知人论世——徐志摩人生阅历与其创作。

情境创设1：我理我说志摩其人……

（选取你喜欢的角度梳理徐志摩生平经历与创作，要求具体系统精准）

本专题着重由学生独立完成。学生根据教师要求从网络、书刊中获取各种资料整合拓展，选取不同切入角度，多方位立体化展示自己所看到的徐志摩。可以概括诗人生平年谱，讲述诗人情感故事，分享诗人创作轨迹等。通过小组合作交流对材料进行筛检和整合，最后以"我来说志摩……"为主题形成PPT全班交流展示。

本专题设计让学生知人论世，明确诗人不同时期的人生经历、情感变化和思想发展轨迹，并初步界分诗人诗歌创作的不同时期，既锻炼学生对资料整合分析删选的能力，又培养学生合作探究的精神，并能针对师范生培养特点，训练语言表达和仪表仪态，为后面审视探究作品奠定基础。教师可以选择性为学生提供诗人生平传记和评价材料，丰富学生的认知，激发学习兴趣。

本专题的学习成果以学生绘制徐志摩生平与诗歌创作的思维导图或设计徐志摩的专题手抄报来呈现。

（2）专题二：咬文嚼字——从意象的轻灵飘逸看徐志摩的浪漫情怀。

情境创设2：我读我品志摩其诗……

任务驱动：阅读徐志摩的诗歌你最想解决的问题是什么？是语言意象，还是情感风格？

为了避免研读流于肤浅，教师可以精心设计引导学生聚焦问题。如系列一：诗歌中作者选取的意象有哪些？有什么共性的特点？用什么艺术手法呈现？呈现出怎样的诗性特征？系列二：诗歌的美呈现在哪些方面？你能从语言、节奏、情感等角度分析吗？

本环节设计立足诗作鉴赏，依据学生探究欲望确立研读重点。课堂实施突出诗文诵读（契合师范生培养重点），用范读、领读、齐读、轮读、自由读、朗诵竞赛等方式"咬文嚼字"，以"一字不肯放松的严谨"引导学生品意象、赏意境、悟情感，培养读诗的直觉感受和沉浸式的想象能力，在诗情画意中实现文本和读者间的对话，产生联想与想象，获得对文本更深刻的理解。在横向和纵向的比较阅读中，把握徐志摩诗歌飘逸灵动、澄澈幽谧、浪漫柔美的诗性特征，感受诗歌之美，明确"新月诗派"在诗歌发展史上不容忽视的重要价值。

教学注重过程性学习，学生采用小组讨论交流，发现问题并解决问题，共同品读体味，习得遣词造句的素材，进行思维训练。最后推荐本组最佳的鉴赏成果在全班展示。

展示的方式可以灵活多样：诗句鉴赏、将喜欢的诗句用优美的散文描绘、沉浸式朗诵表演等。

本专题学习成果呈现：选取徐志摩的一首诗作，写一篇推荐文或一类意象做深入的探究。

（3）专题三：奇思妙辩——徐志摩的人生理想与其康桥情结。

情境创设3：我思我辩我为志摩代言……

任务驱动：钟嵘在《诗品序》中说，"气之动物，物之感人，故摇荡性情，形诸舞咏。……动天地，感鬼神，莫近于诗。"康桥之于徐志摩的意义何在？你如何看待徐志摩的浪漫？

引导学生深度阅读散文名篇《我所知道的康桥》和《康桥再会吧》，结合徐志摩相关传记、评论等资料，聚焦"康桥"这样一个特殊的地点，梳理康桥相关作者的思想发展轨迹，探究其在徐志摩一生中的特殊意义。

为了激发思维的火花，外化积淀于学生思想和精神内核的研读成果，本专题学习拟采用课堂辩论和演讲进行。

课堂设计一：辩论赛——"得之我幸，失之我命"的爱情观可取吗？

课堂设计二：演讲——假如你是徐志摩，再回"康桥"，你想对它说什么？请以"康桥，我想对你说……"为题深情表白。

三个专题的学习由泛读到精读到研读，学生在个性化解读诗歌基础上进行思辨性学习，视野不断拓宽。在比较反思中，引导学生研究性学习，触摸诗人灵魂，挖掘文学精神，进一步明确徐志摩诗歌抒情性特征和独特的审美价值。

辩论和演讲既增强学生的语言表达和表现力，又锻炼逻辑思维能力，思辨性写作将课堂学习内容进一步深化。

本专题学习成果呈现：

推荐阅读：宋炳辉《徐志摩传》凡尼、晓春《徐志摩：人和诗》

选取徐志摩诗歌中你最喜欢的一个意象，尝试写一首自由诗；

将徐志摩的"康桥情结"整理成研究性小论文。

（三）课后反思

专题教学设计课堂生成性更强，显然增加了教学精力的投入和课堂调控的难度，对教师专业化发展和学术研究能力都提出了更高的要求。同时对学生的自主学习能力、合作探究能力、语言表达能力及语文学科素养都提出了挑战。但毋庸置疑，专题教学作为语文教学改革的尝试，它更具开放性和趣味性，指向性更加明显，它明显促使学生学习方式的转变。教师应不断探索设计更具体、更丰富的学习任务，以帮助学生全面、系统地建构知识，锻造文化精神。

培养"主动性"　走进"大历史"

——中职历史教学中历史素养的培育实践

山东省平度师范学校　官明娟

中职历史教学的背景是：学生知识积淀薄弱，应试压力小，效果目标却要求：了解基本事实，树立正确的文化观，形成开阔的视野。历史教学关乎学生历史史实框架的构建、人文知识的积累、意识观念的端正、家国情怀的孕育。对此，笔者在实践中，从教育教学的方式和目标追求两个方面进行了新的思索和尝试。

一、教学过程中，"精"与"博"结合，开辟多种渠道，使学生养成"主动"学习的习惯

笔者坚持的原则是"精"在课堂，"博"在课外。"精"是"博"的引导，"博"是"精"的辅助和拓展。将对学生"主动性"的引导暗合在教育教学过程中，这样，比说教更容易、学生更乐于接受。

（一）"精"在课堂

引导学生主动探究，形成课堂交流和沟通的良好氛围。教学的过程也是师生共同探索新知的过程。

1. 引导学生主动提出问题

问题是最好的导师，看学生提出什么样的问题就能知道他的认识水平已经达到了什么层次。笔者从兴趣入手，引导学生在预习中提出疑问，在预习后提出疑问，在课程中提出疑问，在课后提出疑问。如在讲授《统一多民族国家的形成和发展》时，老师从侧面启发，让学生提出了这些问题："中国从来就有

五十六个民族吗？""中国古代就有今天这么大吗？""这些民族怎么团结起来的？"……以这些问题切入，让疑问引导好奇，由好奇养成兴趣，因为兴趣让历史学习在学生主动探究问题过程中体验快乐和成就满足。并且，随着课程的进度，提出一些既有趣味又有深意的题目让学生讨论，通过补充、搜集史料，开阔了视野，拓展了知识面；讨论后的归纳、总结，使学生更深刻地认识史实，把握基本的史论。如"丝绸之路何以闻名？""你能感受到哪些习俗文化是孔子（儒家传统文化）的影响的延续？""中国和西方国家都在差不多的时间出现了资本主义萌芽，中国为何没有发展成资本主义国家？"这些问题既满足学生的求知欲，又将传统文化的弘扬、社会发展规律的认识有机地融进历史课堂。

2. 创设争鸣地和演讲台，引导争鸣氛围，训练表达能力

科学处理教学内容，设计讨论题目，让学生在老师的引导下拟定争鸣题："洋务运动功过论""辛亥革命成败论""从推动历史发展角度看：郑和PK哥伦布"等辩论题，促使学生开展小型的学术争鸣，摆脱旧式的"死记知识点"的做法，引导学生养成探究和思考的意识。

把"历史知识内化为素养"当作一种学习效果检验方式。在《文艺复兴》一课教学中，课前准备让学生合作梳理知识框架，解释文艺复兴的"灵魂"。小组合作，准备演讲：《从某某作品解读人文主义》。通过"教师引导—学生研究—教师补充、修正"的方式，鼓励学生主动阅读、主动思考、积极表达。把课堂作为演讲台，在分享中解读历史，纠正谬误，立足具体，着眼宏观，让学生真正理解并训练表达。

3. 创新作业形式，构建多元评价体系

传统的作业模式是"填空""选择""问答"等，强调知识点的巩固，侧重机械记忆。笔者试图采取相对自由的方式，让学生把作业本变成发挥个性和才智的天地，如历史小论文、历史情景剧、纸上辩论赛、漫话历史、穿越到……鼓励博览群书，指导古为今用，激发学习兴趣。虽然作业次数少，但获取知识和由此带动的探究过程大大优化了学习效果。

（二）"博"在课外

引导学生积极投入图书馆、网络等媒体的广阔空间，辅助课堂教学，学会

学习。

　　课外的行动，是用课堂上的线做牵引的。课堂讨论、课题问答、作业题的完成……都需要课外资料的辅助，教师要做的只是要在技术上告诉学生，解决这个问题需要什么材料，最好去图书馆、网上查阅哪类书、哪些网站；做好这篇作业可以从哪几个角度；对材料如何围绕中心问题去粗取精、对不同观点如何辨识、对历史猜想如何佐证……如此，指导学生开阔视野空间，学会学习方法，强化思考探究，训练实践和表达。

二、教学目标上，坚持历史素养的指针，引导学生从整体上把握历史，努力形成"大历史"的学习意识

　　历史素养是历史学习的最终目标。"历史素养"的教学目标应作为旗帜，始终高扬在历史教学的全过程，融会到教育教学当中。

　　"大历史"的概念，旅美学者黄仁宇早已经提出。笔者谈的"大历史"，确切定位是把历史基本史实的认识作为历史学习的初级阶段，在"研究"的过程中，将历史精神的把握、历史素养的内化作为历史学习的高级阶段，两个阶段并不是严格地分前后的，很多时候，为了对一种定论或观点的探询和印证，需要引领学生从未知开始搜集史实，从而用"高级阶段"带动"初级阶段"的学习。

　　中职教材内容选择都是基本的简史内容，对基本史实所蕴含的内涵精神做进一步的挖掘和张扬，既是一种学习内容的拓展，又反过来有利于进一步深刻领会历史事件。并且，如"最初的人类是如何告别'茹毛饮血'的野蛮时代的""原始人怎样一步步走进文明社会的"，在这样的问题下，《中国历史和文明的开端》里的主要内容自然成为最恰当最简洁的答案：能制造和使用工具，使人类与动物分别开来，元谋人、北京人、山顶洞人……原始人的生存状态说明了生产力的发展，原始人战胜自然能力的增强，也印证了"一步步走进文明社会"的过程。在学习《五四运动和中国共产党的诞生》一课时，学生学习了五四运动的社会历史背景、青年的行动和五四运动在中国历史进程中的作用后，组织学生讨论总结"五四精神"，教师引导深化其"爱国救亡""民主进步"的内在含义，既巩固了史实，又引导学生用一种现代性的眼光审视历史。

学习《美国内战》时，用惠特曼的诗《啊，船长，我的船长哟》引领学生走进那种凝重的历史氛围，切合了陈寅恪先生的"以诗证史"思想，使我们的历史不再是单调的史实，还有人性化的情感，让历史有了温度。

这些探索性的实践，让我们的历史学习融进"人文情怀"和"家国情怀"，学生学习的不仅仅是历史过程、历史规律，还包含了历史精神、历史文化，最终汇合成历史素养。

历史是一门科学，历史教学是艺术和技巧的结合。"大历史"是对历史的宏观认识，是历史素养的一个落脚点。主动性的引导是一种教学的方式技巧，过程中对学生的学习兴趣激发则考验着教学的艺术性。笔者努力在帮助学生了解基本史实的基础上，带领其充分感受、努力享受人文历史的美感，探究历史经验和规律的成就感，形成人生智慧的成长感……这些，就是点燃大历史学习兴趣的燃点，也是"主动性"养成的助力因素。

用兴趣和美感吸引学生更主动地学习历史，让历史学习成为享受"知得失""明智慧"的过程，将历史知识内化为学生的历史素养，这些是笔者探究的历史教育教学的最终目标。